ASSASSINAT
DE Mgr L'ARCHEVÊQUE DE PARIS

VERGER

SA BIOGRAPHIE

ET

SON PROCÈS

PAR UN STÉNOGRAPHE

PRIX : 40 CENTIMES

PARIS

LIBRAIRIE D'ALPHONSE TARIDE

2, RUE DE MARENGO

1857

ASSASSINAT

DE MONSEIGNEUR SIBOUR

ARCHEVÊQUE DE PARIS.

Dans la soirée du samedi 3 janvier 1857, une nouvelle épouvantable se répandit dans Paris et vint glacer d'effroi tous ceux qui l'apprenaient. On disait que Monseigneur Sibour, archevêque de Paris, venait d'être assassiné, en pleine église, dans l'exercice de ses fonctions, par un ecclésiastique. L'énormité d'un pareil crime, les circonstances dans lesquelles il aurait été commis, la position du meurtrier, tout semblait de nature à rencontrer bien des incrédules. Cependant la nouvelle n'était que trop vraie, et dès le lendemain, les journaux ne permirent plus de doute sur la réalité d'un malheur qui devait plonger dans le deuil la France et la Chrétienté tout entières. Voici ce qui s'était passé.

Le samedi 3 janvier 1857 devait commencer à l'église Saint-Etienne-du-Mont la neuvaine en l'honneur de sainte Geneviève. Monseigneur Sibour, archevêque de Paris, avait annoncé que, suivant son habitude, il présiderait cette pieuse et touchante cérémonie. Un instant, cependant, on craignit qu'il n'en fût pas ainsi. — Plût à Dieu que cette crainte eût été réalisée!.. Dans la matinée de ce jour fatal, se trouvant indisposé, Monseigneur avait envoyé dire qu'il ne pourrait pas se rendre à l'église ; mais vers l'après-midi, se sentant un peu mieux et n'écoutant que le vif désir qu'il éprouvait d'assister lui-même à cette inauguration, il monte en voiture et quitte l'archevêché, qu'hélas ! il ne devait plus revoir. Arrivé un peu avant trois heures à Saint-Etienne-du-Mont, il alla bientôt prendre place dans le banc d'œuvre pour écouter un sermon que devait faire M. l'abbé Lacarrière. A la fin du sermon, il se rendit dans la sacristie pour revêtir ses habits pontificaux et assister à la procession où il devait donner la bénédiction aux fidèles accourus en foule pour la recevoir. Après avoir fait le tour d'une partie de l'église, et s'être arrêtée au tombeau de Sainte-Geneviève, la procession se disposait à rentrer dans la nef pour arriver au chœur. Monseigneur était précédé de M. l'abbé Dufour, vicaire de Saint-Etienne-du-Mont, qui invitait les fidèles à s'agenouiller. M. l'abbé Surat, son grand-vicaire, et M. l'abbé Cuttoli, secrétaire particulier de l'archevêché, soulevaient les bords de sa chape afin de donner plus de liberté à ses mouvements en donnant la bénédiction. Tout-à-coup un individu, vêtu de noir, qui s'était agenouillé à son approche, se relève à moitié, et lui plonge dans la poitrine un large couteau catalan qu'il tenait caché sous ses vêtements, en s'écriant : *A bas la Déesse !..* Une dame qui avait vu le mouvement de l'assassin avait essayé d'arrêter son bras ; mais elle n'y put parvenir et fut elle-même atteinte aux doigts par l'arme fatale.

Aussitôt le coup reçu, Monseigneur pâlit, chancelle et s'écrie : *Mon Dieu !.. mon Dieu !.. quel malheur !* ou bien *le malheureux* :

Les ecclésiastiques qui l'entourent se refusent, dans le premier moment, à croire à un pareil crime .. Ils espèrent que ce n'est qu'une syncope de la part du vénérable prélat, et rassurent même les fidèles justement alarmés ; aussitôt on transporte Monseigneur à la sacristie, un médecin arrive, et c'est alors qu'on acquiert la certitude que tous les soins sont superflus ; Monseigneur rend le dernier soupir sans avoir pu proférer d'autres paroles.

Cependant, un sergent de ville se trouvant dans l'église, s'assurait de la personne du meurtrier. Une émotion indicible s'emparait de tous les assistants à cet affreux spectacle, et bientôt on faisait évacuer l'église, en même temps qu'on enlevait des saints autels qui venaient d'être ainsi profanés, les emblèmes divins qui y étaient déposés.

Le meurtrier, conduit au poste de la mairie du XIIe arrondissement, au milieu des imprécations de la foule, déclara se nommer Louis Verger et être prêtre interdit du diocèse de Meaux.

MM. Pietri, préfet de police, Cordoën, procureur impérial, Moignon, substitut du procureur impérial, et Treilhard, juge d'instruction, se rendirent immédiatement à la mairie du XIIe arrondissement et procédèrent à un premier interrogatoire de Verger. Celui-ci avoua son crime avec le plus grand calme et déclara qu'il y avait longtemps qu'il l'avait prémédité.

Aussitôt les premières formalités judiciaires accomplies, Verger fut conduit sous bonne escorte à la prison Mazas, et l'église Saint-Etienne-du-Mont fut fermée : sur l'une des portes, on plaça l'affiche suivante :

« Monseigneur ayant été frappé de mort par une main criminelle dans l'église de Saint-Etienne-du-Mont, aujourd'hui à [illegible] heures du soir, l'église demeure interdite jusqu'à la cérémonie expiatoire qui sera ultérieurement annoncée.

« Signé : BORIES, curé. »

Le corps de Monseigneur l'archevêque fut transporté à l'archevêché. Il fut embaumé et revêtu de ses habits pontificaux : suivant le désir qu'il avait exprimé en son vivant, on plaça sur sa tête une mitre en toile blanche qu'il portait à Rome, lors de la proclamation du dogme de l'Immaculée Conception, et il fut ainsi exposé dans une chapelle ardente, où le public fut admis jusqu'au samedi suivant, jour de ses funérailles.

BIOGRAPHIE DE VERGER.

Louis-Jean Verger naquit à Neuilly-sur-Seine le 20 août 1826. Son père, qui existe encore, exerçait la profession de tailleur. Envoyé de bonne heure à l'école d'enseignement mutuel de Neuilly, il annonça d'assez heureuses dispositions et se distingua surtout par sa piété, ce qui lui valut, à l'époque de sa première communion, la protection toute spéciale de la marquise de Rochefort, en religion sœur Mélanie, supérieure des Filles de Saint-Vincent-de-Paul.

Cette respectable dame convaincue que Verger avait une vocation pour la prêtrise, le fit entrer au séminaire de Saint-Nicolas-du-Chardonnet, que dirigeait alors Mgr Dupanloup, aujourd'hui évêque d'Orléans.

La famille de Verger n'était pas heureuse. Sa mère, à la suite d'une contrariété, s'était jetée dans un puits et y avait trouvé la mort; l'un de ses frères s'était également suicidé en se précipitant dans la Seine.

La sœur Mélanie pourvut elle-même aux frais de son éducation et de son entretien. En 1842, Verger entra dans une succursale du séminaire, située à Gentilly. Mais bientôt ayant encouru de graves reproches de la part de ses supérieurs, au sujet d'achat de livres non autorisés, il fut rendu à sa famille.

Dès lors commença pour lui une existence aventureuse. Reçu prêtre, il fut envoyé comme desservant dans la paroisse de Guercheville (Seine-et-Marne). Là, il eut de nombreux démêlés avec ses paroissiens et bientôt on fut obligé de le changer de destination. Appelé à la cure de Bailly-Carrois (arrondissement de Melun), il n'y resta pas longtemps sans susciter de nouveaux griefs contre lui, et ne pouvant rester davantage dans cette paroisse, il passa en Angleterre. Mais bientôt il revint en France et alla se recommander à M. Legrand, curé de Saint-Germain-l'Auxerrois, ancien curé de Neuilly, qu'il avait connu dans cette commune à l'époque de sa première communion.

Prenant en considération la situation précaire dans laquelle se trouvait Verger, le vénérable curé l'accueillit dans sa paroisse e qualité de prêtre attaché, et le fit même admettre comme porte croix au service de la Chapelle des Tuileries. Mais loin d'êtr touché d'une telle bienveillance, Verger y répondit par la plu insigne ingratitude, et ne craignit pas de répandre sur le compt de l'abbé Legrand d'odieuses accusations. Il alla même jusqu' les formuler par écrit et les adresser à M. le procureur impérial

Une pareille conduite devait appeler l'attention de l autorit supérieure ecclésiastique. Verger fut suspendu pendant plusieur mois et renvoyé du diocèse de Paris. Bientôt cependant, Mgr Si bour, mû par un sentiment de pitié pour le coupable, écrivit Mgr l'évêque de Meaux, et le pria de l'admettre dans son diocèse Verger fut nommé, en 1856, curé à Serris, paroisse du canton d Crécy. Là, il ne tarda pas encore à oublier les devoirs que lu imposait son ministère. En premier lieu, il prêcha contre l dogme de l'Immaculée Conception, puis il signala la violence d son caractère dans les circonstances suivantes. — En novem bre 1856, on jugea à Melun, un épicier nommé Lamy, accus d'avoir empoisonné sa femme. Verger assiste par hasard aux dé bats qui eurent lieu devant la cour d'assises, et à la suite duqu l'accusé fut condamné aux travaux forcés à perpétuité. Trouvan à son point de vue, que Lamy n'était point coupable, il se m aussitôt à l'œuvre, et rédigea un libelle contre le jury et cont les magistrats : il soutint qu'ils avaient eu les yeux bandé comme au jeu de *Colin-Maillard*, et fait imprimer une brochur qui bientôt fut saisie à la requête du ministère public.

Ces faits déplorables ayant été signalés de nouveau à Mgr l'é vêque de Meaux, ce dernier prononça contre lui l'interdiction Verger se pourvut devant Mgr l'archevêque de Paris. Mais cet i lustre prélat, cette fois, crut devoir maintenir la décision prono cée. Seulement, par un sentiment de charité inépuisable, il f passer quelques secours d'argent à Verger.

C'est alors que ce dernier vient habiter Paris, chez son frère et prend l'abominable résolution de frapper de mort Mgr Sibour

Dès le 11 décembre, il se rend chez le sieur Picault, coutelie rue Dauphine, et achète, moyennant 15 francs, un couteau cat lan dont l'aspect seul fait frissonner. Puis il attend une occasio favorable pour exécuter le crime atroce qu'il a médité.

Bientôt il apprend que Mgr l'archevêque de Paris doit aller à Sain Etienne-du-Mont. Il s'y rend de son côté, avant l'arrivée du pr lat. Sa première idée est de l'assassiner au moment où il sortir du banc d'œuvre. Mais il craint d'être reconnu par quelques ec clésiastiques et il préfère attendre l'archevêque au moment où rentrera dans la nef avec la procession.

On a vu plus haut avec quel sangfroid et quelle effroyable pr cision ce misérable a exécuté son crime. Aussitôt arrêté, on l demanda l'explication de ce cri : *A bas la déesse!* qu'il avait pr féré en frappant Monseigneur. Il répondit que c'était pour pr tester contre le dogme de l'Immaculée Conception qui, suiva lui, ne serait qu'un culte impie.

Nous terminerons cette notice biographique de l'accusé, par la lettre suivante, qui a été insérée dans le *Journal de Seine-et Marne :*

Au moment où les journaux de la capitale abondent en détails sur l'exécrable assassin de Mgr Sibour, archevêque de Paris, on nous saura gré de le faire connaître pendant les années qu'il a passées au Grand-Séminaire.

Verger (Jean-Louis), né le 20 et baptisé le 22 août 1826, à Neuilly-sur-Seine, diocèse de Paris, fils de Verger (Jean), tailleur d'habits, et de Frémin (Marguerite);

Fit ses premières études au Petit-Séminaire de Paris, et sa philosophie chez un respectable ecclésiastique, son protecteur, alors chef d'institution à Paris.

Le 22 juin 1846, le protecteur de Verger le proposant à M. le supérieur du Grand-Séminaire de Meaux, écrivait : « Mon désir a « toujours été de me préparer, parmi mes élèves, des collabora- « teurs... Celui-ci est du diocèse de Paris ; j'espère obtenir des « dimissoires en temps opportun, à la condition qu'on me lais- « sera le sujet : pour la pension, il n'y aura pas d'embarras, je « m'en chargerai au besoin. »

Le 1er octobre suivant, Verger arrivait au Grand-Séminaire, porteur d'une lettre du même ecclésiastique, dans laquelle il le donnait, sans nulle restriction, comme un *excellent* jeune homme, qui doit, ajoutait-il, entrer dans notre petite association.

Plus tard, des circonstances indépendantes de la volonté de l'élève ne lui permettant plus de payer la pension convenue, il fut inscrit au Séminaire à titre de boursier, pour être agréable au diocèse de Meaux.

Au mois d'octobre 1847, Verger, ainsi qu'on l'exige des élèves du Grand-Séminaire à la fin des vacances, rapportait un certificat signé du vénérable curé de sa paroisse natale. Il était conçu dans les termes les plus flatteurs sur l'ensemble de sa conduite.

Au mois d'octobre des années 1848 et 1849, il produisait des lettres testimoniales dans chacune desquelles son protecteur, chez qui il avait passé ses vacances, louait sa piété, sa vie exemplaire, etc., de manière à faire concevoir sur son compte les meilleures espérances.

Aussi Verger, muni de son excorporation du diocèse de Paris, reçut à Meaux :

La tonsure et les ordres mineurs, la veille du dimanche de la Passion, 8 avril 1848;

Le sous-diaconat, la veille du dimanche de la Passion, 24 mars 1849;

Le diaconat, le 22 décembre 1849;

Et la prêtrise, le 25 mai 1850, avec dispense d'âge.

Le 17 mai 1850, M. le curé de Neuilly priait M. le supérieur, si les règlements du séminaire ne s'y opposaient pas, de lui envoyer, aussitôt après l'ordination, le *bon* Verger qu'il regardait comme un de ses enfants, à qui il avait fait faire la première communion, et qu'il serait heureux d'assister à sa première messe.

Cette lettre, celle du 22 juin 1846, ainsi que les trois certificats de vacances d'octobre 1847, 1848, 1849, ont dû être annexés au procès-verbal d'enquête, fait au séminaire le 5 janvier 1857, par M. le juge d'instruction du tribunal de Meaux, assisté de MM. le substitut du procureur impérial et du greffier

Conformément aux ordonnances du diocèse de Meaux, les bans de Verger durent être publiés dans le lieu de son origine avant qu'il reçût le sous-diaconat, le diaconat et la prêtrise. Chaque fois, dans les attestations qu'on lit encore, le digne curé de la paroisse déclare que personne n'a réclamé, ni fait opposition, que d'ailleurs il ne connait rien qui puisse s'opposer à la future promotion de son bien-aimé paroissien.

Au mois d'octobre 1848, Verger entra au Petit-Séminaire comme professeur de septième et comme surveillant des récréations, conjointement avec le maître d'études. La première partie de l'année scolaire fut très-heureuse : plus tard son caractère parut s'aigrir : il devint irascible dans ses rapports avec les élèves. A la suite de démêlés sérieux où quelques-uns furent rendus à leurs familles, Verger était rappelé au Grand-Séminaire. Il était sous-diacre. M. le curé de Mitry-Mory se trouvant malade, avait demandé quelqu'un qui fût dans les ordres sacrés sur lequel il pût se décharger de certaines fonctions du ministère. Verger fut envoyé le 13 avril 1849, et, pendant six semaines qu'il travailla sous ses ordres, il en fut très-satisfait.

Dans le cours de son Grand-Séminaire, Verger a constamment obtenu le n° 5 pour note de conduite, piété, régularité, caractère, application au travail; les n°s 4 et 5 pour note de succès dans les études.

Ces notes sont données d'après une échelle qui varie de 3 à 6, le 3 indiquant le degré inférieur et le 6 le degré supérieur.

Les compositions annonçaient une imagination ordinaire, et plus de prétention que de fonds.

Le sujet était généralement taciturne et peu communicatif, mais on ne remarquait point en lui d'excentricités.

Il était d'une très-grande timidité, avait un air de douceur et des manières polies qui plaisaient à tous, et prévenaient avantageusement en sa faveur.

Indépendamment des ecclésiastiques, plusieurs autres personnes honorables lui portaient un vif intérêt, parmi lesquelles Mme de Rochefort, supérieure des sœurs de la charité à Neuilly.

A une époque de ses vacances, il exposait à M. le supérieur du Grand-Séminaire certains embarras financiers dont il se préoccupait pour la rentrée des classes. M. le supérieur le rassura d'un mot, lui écrivit de n'avoir point à s'inquiéter, qu'il pourvoierait à tout. Verger de lui répondre immédiatement.

« 5 septembre 1848.

« Monsieur le supérieur,

« S'il y a des moments difficiles dans la vie, il y en a d'autres dont la douceur est inexprimable ; tel est celui que vous me faites goûter depuis la lettre que vous avez bien voulu m'adresser. Je vous en remercie, monsieur le supérieur, et c'est pour longtemps, je l'espère, que je conserverai le souvenir de votre charité ! Elle me servira à l'avenir de leçon et sera pour moi une preuve de plus que la défiance envers la divine Providence est un grand mal.

« Je vous renouvelle, monsieur le supérieur, l'assurance de mon respect et de ma reconnaissance.

« L. Verger. »

Il avait à peine franchi le seuil du séminaire et mesuré l'étendue de la mission réservée à son zèle qu'il confiait ainsi ses impressions et ses espérances premières.

« Guercheville, 7 juin 1850.

« Monsieur le supérieur.

« Je suis fort content de ma nouvelle position; seulement, il n'y a pas lieu de se le dissimuler, il ne faut pas être paresseux. Grâce à Dieu, j'espère bientôt me mettre en mesure de répondre à tous mes devoirs, car jusqu'à présent je n'ai fait que courir de côté et d'autre, et de pourvoir au plus pressé.

« Je donne aujourd'hui, dans une lettre à Monseigneur, beaucoup de petits détails sur mon arrivée dans mes paroisses ; je puis dire que partout j'ai été fort bien accueilli.

« J'ai quitté le Séminaire avec bien du regret ; je croyais un instant que j'en serais inconsolable, mais je suis remis de cette perte, et me voici à l'œuvre de bon cœur.

« En quittant Meaux, j'ai emporté la bénédiction de Monseigneur. J'ai confiance que Dieu bénira mes efforts, et que le nouveau pasteur et que l'ancien peuple de Guercheville s'entendront bien pour procurer la gloire de Dieu et leur propre salut.

« Veuillez, monsieur le supérieur, agréer les sentiments respectueux avec lesquels j'ai l'honneur d'être votre très-humble et très-obéissant serviteur.

« L. Verger,

« Curé de Guercheville. »

Le sang se glace dans les veines à la pensée que la main qui traçait et signait ces lignes est celle-là même qui !!! Le malheureux ! comment furent sitôt oubliés ces sentiments qui devaient le soutenir et l'honorer dans une carrière dont il se montra si indigne ! Que de maux et de scandales, que d'afflictions et de douleurs, hélas! sa fidélité eût épargnées à l'Église ! Puisse-t-il du moins ouvrir son âme à de salutaires remords, se jeter dans les bras de la miséricorde infinie de son Dieu, et laver dans un océan de larmes ses iniquités, ses blasphèmes et son épouvantable forfait!!!

Meaux, le 9 janvier 1857.

RENARD,
Vicaire général, supérieur du grand séminaire.

Enfin pour donner une idée du caractère étrange de Verger, nous reproduisons également une lettre publiée dans le *Rosier de Marie*, journal hebdomadaire religieux, et adressée au rédacteur en chef de cette feuille. Elle est ainsi conçue :

« Serris, 30 novembre 1856.

« Monsieur le Rédacteur,

« Je souffre horriblement chaque fois que je lis votre feuille (le *Rosier de Marie*).

« Oui, jusqu'à présent, j'ai pu me contenir, — mais, aujourd'hui, c'est par trop d'impudence... Je n'y tiens plus! et...

« Je me déclare;

« Quoi! vous osez m'envoyer, à moi (que vous appelez votre frère et à tous les prêtres), un *avis* avec cette prière *devise :*

« *Maria, adveniat regnum tuum*!!!

« Vous délirez, M. l'abbé, et, avec toute l'apparence d'un saint n'y touche, vous pervertissez une foule d'âmes candides.

« Vous ne connaissez pas l'abbé Verger, le prêtre *mendiant* de la *Madeleine*?

« Parlez de moi à n'importe qui du clergé de Paris, et vous serez au courant...

« Je déchirerai bientôt... Ah! oui, bientôt! à la face de toute l'Église et de tout homme qui se sent vivre, votre journal *blasphématoire*...

« Je le déchirerai feuille par feuille, phrase par phrase, syllabe par syllabe...

« Vous êtes un *indigne imposteur*! (Dites-le bien à toute la cabale maristique, jésuitique, ultramontaniste, etc.)

« Vous osez bien, *vous tous*!

« Moi aussi!... *J'ose!!* C'est moi, abbé Verger! qui vous dis cela.

« Et vous me verrez...

« Mieux que cela :

« Vous me sentirez... quand votre tour sera venu.

« J'ai en ce moment une affaire trop pesante sur les bras pour m'en distraire une seule minute.

« Dès que j'en connaîtrai l'issue, je m'occuperai de vous.

« A bientôt...

« Votre tout dévoué *hors* du cœur de Marie,

« L'abbé L. VERGER,
« *Curé de Serris* (Seine-et-Marne). »

« *P. S.* On dort partout! parce qu'on vous croit de bonne foi.

« Je ne dors pas, *moi*!

« Si vous avez un tant soit peu de courage, vous publierez ma lettre dans votre prochain numéro, *avec* ou *sans* commentaire. Vous m'enverrez mon exemplaire comme à l'ordinaire. Personne n'ose souffler!...

« Moi, j'ose.

« Je *veux* déraciner, arracher votre *Rosier*... dans cinquante ans, il ne serait plus temps; on dirait alors : C'est de la *tradition!*

Le vendredi 9 janvier, l'instruction judiciaire étant terminée la chambre des mises en accusation rendit un arrêt par lequel elle renvoyait Verger devant la Cour d'assises de la Seine. Cet arrêt fut notifié le lendemain à l'accusé, qui avait dès-lors cinq jours pour se pourvoir en cassation contre cette décision. Le jour de sa comparution fut fixé au samedi 17, et Me Nogent-Saint-Laurens, avocat, fut nommé d'office par M. le président à l'effet de présenter la défense de Verger.

Le 14, celui-ci se pourvut contre l'arrêt de renvoi, espérant ainsi gagner du temps. Mais le lendemain 15, la Cour de cassation rejetta son pourvoi. Dès lors le jour des débats resta fixé au 17.

C'est M. Delangle, premier président de la Cour impériale, qui doit présider.

M. Vaïsse, procureur-général près la même cour doit occuper le siége du ministère public.

COUR D'ASSISES DE LA SEINE.

PRÉSIDENCE DE M. DELANGLE, PREMIER PRÉSIDENT.

Audience du 17 janvier 1857.

Jamais, depuis les procès Laroncière et Donon-Cadot, on n'avait vu une pareille affluence au Palais de Justice. Dès six heures du matin, malgré le froid et l'obscurité, la foule commençait à stationner dans la rue de la Barillerie. Un grand nombre d'avocats en robes faisait queue au haut de l'escalier principal de la Cour du Mai. A neuf heures les portes de la Cour d'Assises furent ouvertes. En un instant l'enceinte s'est trouvée envahie par le barreau et les personnes munies de billets. L'extrémité de la salle était réservée au public sans billet. A chaque instant on entendait au dehors les réclamations et les plaintes de ceux qui n'avaient pu entrer. L'un déclinait sa qualité, l'autre son nom, et cherchait à fléchir la consigne ; mais les agents de police demeuraient inflexibles et repoussaient les solliciteurs désappointés.

En jetant un coup d'œil sur la salle on y voyait un public d'élite. Ainsi, derrière les siéges de la Cour, se trouvaient d'éminents magistrats sans costumes, de hauts fonctionnaires de l'État, etc. Dans l'hémicycle, autour de la table des pièces à conviction, prenaient place un grand nombre de personnages distingués, tels que M. le marquis de Larochejacquelein, le prince Murat, le prince de Beaufremont et quelques étrangers, parmi lesquels figuraient des membres de l'ambassade ottomane.

A dix heures moins un quart l'huissier apporte les pièces à conviction. Elles se composent de vêtements que portait l'illustre victime le jour de l'assassinat, et de l'arme qui a servi à le commettre. La vue de cette arme excite dans l'auditoire une douloureuse impression. C'est un couteau dit *catalan*, de près de quarante centimètres de longueur ; la lame, large et mince, est très-effilée vers le bout ; le manche, en corne de cerf, est courbé et se termine en pointe. Une arrête, semblable à celle des couteaux poignards, tient la lame ouverte, de telle sorte que, pour la fermer, il faut tirer un ressort à l'aide d'un anneau fixé en haut du manche.

A dix heures l'huissier invite MM. les jurés à se rendre en la chambre du conseil, où il doit être procédé au tirage du jury.

Chacun dans l'auditoire prend sa place et redouble d'attention, parce que c'est le moment où l'accusé va être introduit.

En effet, au bout d'un quart d'heure, Verger est amené par six gendarmes sur le banc des accusés.

Aussitôt une vive curiosité se manifeste. On se lève pour mieux le voir; et les cris : *Assis! assis!* se font entendre.

Verger est un homme d'une taille moyenne et assez mince. Sa physionomie pâle n'offre rien d'extraordinaire ; son front est assez dégagé, ses cheveux châtains, peu abondants, du reste, sont divisés par une raie sur le côté ; ses yeux ont peu d'expression quand il est calme ; de temps en temps il passe sa langue sur ses lèvres, et semble recueillir ses idées.

Tout en lui révèle au premier abord l'attitude d'un véritable séminariste, tel qu'on se le représente.

Il porte un costume noir, très-simple : une cravate noire encadre son visage et en fait ressortir la pâleur. Il tient d'une main une liasse de papiers et de l'autre un crayon.

Il prend place sur le banc des accusés, et adresse quelques paroles aux gendarmes assis près de lui; puis il se penche vers le banc de la défense où se trouve *Me Nogent-Saint-Laurens*, et s'entretient avec lui.

Bientôt l'huissier annonce : LA COUR ! et tout le monde se lève.

M. le premier président *Delangle* entre, assisté de *MM. Bonniot, de Salignac* et *de Quevauvilliers*, conseillers ;

M. Vaïsse, procureur général, assisté de *M. Barbier*, avocat général, occupe le siége du ministère public.

Me Lot, greffier en chef, tient la plume assisté de M. Commerson.

M. le Président. L'audience est ouverte. Messieurs les jurés veuillez vous asseoir. — (A Verger.) Accusé, comment vous nommez-vous?— R. Verger (Jean-Louis).

D. Quel âge avez-vous? — R. Trente ans.

D. Où êtes-vous né?—R. A Neuilly-sur-Marne, le 20 août 1826.

D. Quelle est votre profession? — Ecclésiastique.

D. Où demeuriez-vous avant votre arrestation? — R. En dernier lieu chez mon frère, rue de Seine-Saint-Germain, n. 56.

M. le Président. — Asseyez-vous.

M. le Président reçoit le serment de MM. les jurés.

M. le Président. — Accusé, soyez attentif à ce que vous allez entendre. M. le Greffier, veuillez donner lecture de l'arrêt de renvoi de la chambre des mises en accusation et de l'acte d'accusation.

M. Lot fils, greffier, donne lecture de l'acte d'accusation dont voici la teneur :

Le samedi, 3 janvier 1857, l'église de Saint-Etienne-du-Mont, à Paris, a été souillée par un crime odieux; un prélat, que ses qualités personnelles non moins que son caractère auguste semblaient protéger contre tout sentiment de haine ou de vengeance, Mgr Sibour, archevêque de Paris, est tombé sous le couteau d'un assassin, dans ses habits pontificaux, au milieu d'une cérémonie religieuse. L'auteur de ce crime est un prêtre indigne, trop justement frappé d'interdiction. Pour immoler sa victime, il s'est levé du sein de la foule agenouillée, où lui-même se tenait caché dans l'attitude de l'humilité et de la prière.

On célébrait à Saint-Etienne-du-Mont une solennité consacrée à la sainte patronne de Paris; l'archevêque s'y était rendu pour présider la cérémonie. Arrivé entre trois heures et trois heures et demie, il vint d'abord se placer dans le banc d'œuvre pour assister au sermon. Quand le sermon fut terminé, il se rendit à la sacristie pour se revêtir de ses ornements pontificaux, puis il monta au maître-autel, suivi de tout le clergé. La procession commença; elle était conduite par l'archevêque Après avoir fait le tour de l'église, Monseigneur se disposait à rentrer dans la nef par la barrière placée au-dessous de l'orgue, près la grande porte d'entrée. Là se trouvait, à la première chaise du troisième banc à droite, un homme vêtu d'un paletot; c'était l'accusé Verger. Sur le passage du prélat, les fidèles s'agenouillaient pour recevoir sa bénédiction Verger se mit à genoux. En entrant dans la nef, l'archevêque avait donné la bénédiction aux premières personnes placées à sa gauche; il se retournait vers sa droite, et l'accusé se trouvait ainsi placé sous la main qui allait le bénir.

Tout à-coup, avec la rapidité de l'éclair, Verger se relève, et, dégageant sa main droite qu'il avait tenu cachée sous son paletot, il s'élance sur l'archevêque et lui porte dans la région du cœur un coup terrible avec un long couteau dont il était armé. Les prêtres placés derrière le prélat avaient eu à peine le temps de voir ce qui venait de se passer; ils crurent d'abord que l'archevêque avait été atteint seulement d'un coup porté avec la main ; mais aussitôt la foule consternée put voir l'assassin qui, sans chercher à fuir, et comme pour se glorifier de sa détestable action, agitait en l'air son couteau ensanglanté en criant : *A bas les déesses!* Il a expliqué depuis que par ces paroles étranges il entendait faire allusion à la fête établie l'Immaculée Conception et à la confrérie des Génovéfains. Sous la violence du coup qui l'avait frappé, Mgr Sibour avait fait deux ou trois pas en arrière sans cesser de tenir sa crosse archiépiscopale; mais bientôt il s'affaissa sur lui-même et tomba entre les bras des prêtres qui l'assistaient; un d'entre eux l'entendit distinctement prononcer : O mon Dieu! mon Dieu! puis quelques paroles encore; mais sa voix était déjà brisée, et le témoin qui dépose de ce fait n'a pas pu distinguer s'il avait dit : « Quel malheur! » ou bien : « Le malheureux! »

La blessure n'était pas seulement mortelle, elle a été en quelque sorte foudroyante. Transporté d'abord à la sacristie, puis au presbytère de M. le curé de Saint-Étienne-du-Mont, la noble victime n'a pas tardé à rendre le dernier soupir.

L'assassin, arrêté à l'instant même par des sergents-de-ville, a été conduit à la mairie du XIIe arrondissement, où ont eu lieu les premiers interrogatoires.

Il faut renoncer à dépeindre la stupeur et l'effroi qui se sont emparés de toutes les personnes présentes à ce moment dans l'intérieur de l'église: la consternation n'a pas été moins grande au dehors, où la fatale nouvelle s'est répandue avec une extrême rapidité; partout l'impression a été la même : on voulait croire que le crime qui venait de choisir une victime à la fois si grande et si douce ne pouvait être que l'œuvre d'un homme atteint de démence. Ce qui va suivre montrera s'il est possible de conserver même cette illusion.

L'accusé Verger est né à Neuilly-sur-Seine, le 20 août 1826. Le 1er avril 1841, à l'âge de quatorze ans, il a été admis, grâce à la générosité de Mme la supérieure des sœurs de Neuilly, au petit séminaire de la rue Saint-Nicolas-du-Chardonnet; les registres de cette maison constatent qu'il en a été congédié en 1844, pour fautes où la probité était compromise.

Après avoir passé quelques années encore dans une institution particulière, il est entré au grand séminaire de Meaux, ordonné prêtre à vingt-trois ans. Il a d'abord été desservant dans plusieurs paroisses rurales du diocèse de Meaux ; mais cette position honorable et modeste ne pouvait suffire à l'orgueil et à l'ambition qui, dès cette époque, forment les principaux traits de son caractère. En 1852, Verger vint à Paris, où il se croyait appelé à une destinée plus brillante; il obtint une permission temporaire pour y célébrer la messe; puis, sur la recommandation qui l'avait déjà protégée en 1841, M. l'abbé Legrand, curé de Saint-Germain-l'Auxerrois, consentit à l'attacher à son église en qualité de prêtre habitué.

L'accusé a passé près de trois années à Saint-Germain-l'Auxerrois. En y entrant il était chargé de dettes. M. l'abbé Legrand lui remit une somme de 800 francs pour se libérer; il poussa même la bienveillance jusqu'à lui donner une chambre dans son presbytère. Verger accepta les bienfaits du respectable curé, mais plus tard, trompé dans les espérances exagérées qu'il avait fondées sur ce patronage, il osa diriger contre son bienfaiteur d'abominables calomnies.

Au mois d'août 1855, l'autorité diocésaine lui ayant retiré ses pouvoirs, l'accusé dut quitter la paroisse Saint-Germain-l'Auxerrois. Il passa sept mois encore à Paris, fatiguant l'archevêque et le parquet de ses plaintes calomnieuses contre M. l'abbé Legrand, et adressant à ce dernier lui-même des lettres où il le menace du scandale s'il ne lui ouvre son église avec un traitement dont le chiffre est fixé par lui-même à 2 300 fr. Enfin, par compassion pour sa misère, Mgr Sibour voulut bien intervenir en sa faveur auprès de l'évêque de Meaux, qui n'avait pas cessé d'être son supérieur ecclésiastique. Une lettre de monseigneur de Meaux, qui est jointe au dossier de la procédure, et qui porte la date du 6 février 1856, atteste que c'est sur le désir exprimé au nom de l'archevêque de Paris que Verger a été rappelé dans ce diocèse. Le 12 mars suivant, il y fut nommé desservant de la paroisse de Serris.

Mais de nouveaux scandales ne devaient pas tarder à attirer sur lui des rigueurs nouvelles. Au commencement de décembre 1856, Mgr de Meaux dut prononcer l'interdiction de l'accusé. Cette mesure lui fut annoncée par une lettre du 12 décembre, où respire encore un reste de bienveillance. Une autre lettre, également jointe au dossier, de Mgr de Meaux à l'archevêque de Paris, fait connaître que trois motifs ont concouru à faire prononcer son interdiction :

1° La rédaction d'un libelle injurieux contre un arrêt de la cour d'assises de Melun ;

2° Des prédications faites par Verger dans la paroisse confiée à ses soins, contre le dogme de l'Immaculée Conception ;

3° Enfin, la découverte d'un écrit intitulé *Testament*, rempli de diatribes violentes contre les dogmes de la religion, contre l'autorité et la discipline ecclésiastiques.

Verger paraît avoir quitté Serris pour se rendre à Paris, le 25 décembre 1856. Il prétend y être venu pour demander à l'archevêque métropolitain la levée de l'interdiction prononcée contre lui par Mgr l'évêque de Meaux. Il ajoute que la pensée de se venger par un crime s'est emparée de son esprit dès le 26 décembre, jour où un témoin qui était en relations avec l'archevêque lui a dit que Mgr Sibour ne lèverait pas l'interdiction et ne consentirait même point à l'entendre. Le témoin signalé est M. Legentil, il a été entendu dans l'information ; il résulte de son témoignage qu'il a exprimé à l'accusé son opinion personnelle sur le juste fondement de l'interdiction prononcée, il n'en résulte nullement qu'il lui ait dit que l'archevêque l'avait condamné et refusait de l'entendre.

Quoi qu'il soit, Verger lui-même déclare qu'à partir de ce moment il a nourri dans son cœur le projet d'une atroce vengeance; les idées d'assassinat lui étaient, au surplus, familières; il a raconté, dans un de ses interrogatoires, que, l'année dernière, après son renvoi de la paroisse de Saint-Germain-l'Auxerrois, il avait acheté une hache avec laquelle il avait eu, tour à tour, l'intention de frapper l'archevêque et M. l'abbé Legrand. Cette fois il était muni d'une arme terrible, le long couteau catalan dont il a fait un si fatal usage, et qu'il avait acheté, dit-il, moins de deux mois auparavant pour sa défense personnelle.

Cependant, la mort de l'archevêque était résolue. Verger a accompli son exécrable dessein, et il en a rappelé lui-même les détails avec un calme qui annonce à la fois la volonté la plus réfléchie et la plus cruelle. Il prend soin, dans ses interrogatoires, de déclarer qu'il était bien maître de lui et qu'il savait bien ce qu'il faisait : il en donne la preuve en racontant que, le jour de Noël, étant allé entendre, à l'église Saint-Severin, un sermon du curé de cette paroisse, il y est retourné le soir à l'heure de vêpres, et a fait remettre à M. le curé un résumé de son sermon du matin, avec des observations critiques que ce sermon lui avait inspirées.

Le 3 janvier, jour du crime, Verger s'est rendu, vers deux heures de l'après-midi, à l'église Saint-Etienne-du-Mont, emportant avec lui son couteau catalan; il est allé d'abord consulter le tableau des cérémonies du jour, puis il s'est placé près du banc d'œuvre, avec l'idée de frapper l'archevêque au moment où il y entrerait pour entendre le sermon; mais bientôt, réfléchissant que plusieurs ecclésiastiques attachés à la paroisse avaient été ses condisciples et pourraient, en le reconnaissant, nuire à l'exécution de ses desseins, il quitta les abords du banc d'œuvre et alla se placer dans la nef, à l'endroit qui a été précédemment indiqué. Il y était déjà au moment où l'archevêque est arrivé et y est resté pendant toute la cérémonie. Enfin, à l'approche du moment fatal, il a su ouvrir le couteau homicide, en le cachant à tous les yeux jusqu'à ce que la victime vînt s'offrir elle-même à sa fureur « Je n'ai pas frappé une seconde fois, a dit l'accusé, « car j'avais la certitude que mon premier coup avait porté. »

Si, en présence de ces faits et de ce langage, quelque doute pouvait exister encore sur l'intention longuement préméditée qui a dirigé le bras de l'assassin et sur la responsabilité pénale qui doit peser sur lui, quelques-unes des pièces saisies soit à Paris chez son frère où il résidait au moment du crime, soit dans son domicile personnel à Paris, viendraient jeter sur ces questions le jour le plus éclatant et le plus lugubre à la fois.

Le jour même de son crime, et en vue des conséquences qu'il savait y être attachées, Verger a écrit de sa main un testament par lequel il constitue son frère son légataire universel, et une procuration contenant, pour ce même frère, plein pouvoir de toucher les mandats qui lui seraient adressés dans le courant de janvier 1857.

A côté de ce témoignage d'une si parfaite tranquilité d'esprit, au moment de commettre un si grand crime, il faut placer une dernière preuve de la persistance dans laquelle l'accusé a mûri son détestable projet, l'abandonnant et le reprenant tour à tour, suivant que les choses étaient ou non au gré de ses desseins.

Le 31 janvier 1856, Verger a tracé de sa main et signé de son nom un écrit qui a été retrouvé dans ses papiers; ce jour avait sans doute été marqué par lui pour l'assassinat qui ne s'est accompli que près d'un an plus tard, car l'écrit dont il s'agit se terminait ainsi : « Seul, j'ai prémédité, j'ai nourri, j'ai porté le coup « qui vient d'atteindre l'archevêque de Paris. »

Interrogé à ce sujet par le magistrat instructeur, Verger a répondu : « Cette pièce a bien été écrite par moi; il est bien vrai « que, l'année dernière, alors que je me trouvais sans ressources « par suite du retrait de mes pouvoirs, j'ai pris la résolution de tuer « Monseigneur; j'ai renoncé à cette pensée lorsque j'ai eu l'es- « pérance d'être replacé dans le diocèse de Meaux; elle m'est « revenue, et je l'ai exécutée par suite de l'interdiction prononcée « contre moi par Mgr de Meaux; je me suis trouvé dans le même « dénuement, et il m'a été dit que Mgr de Paris ne voudrait ni « me juger ni même m'entendre. »

En conséquence, Jean-Louis Verger est accusé d'avoir, le 3 janvier 1857, commis volontairement, avec préméditation et guet-apens, un homicide sur la personne de Marie-Dominique Sibour, archevêque de Paris.

Crime prévu par l'article 302 du Code pénal.

Fait au parquet de la Cour impériale de Paris, le 10 janvier 1857.

Le procureur-général, signé VAISSE.

INTERROGATOIRE DE L'ACCUSÉ.

M. le président (à l'accusé). Verger, vous êtes accusé d'avoir commis volontairement, avec préméditation et guet-apens un homicide sur la personne de Mgr l'archevêque de Paris...

Verger. M. le Président, j'ai...

M. le Président: Vous allez entendre les charges qui seront produites contre vous. Huissier, faites l'appel des témoins.

M. Pillet, huissier audiencier fait cet appel.

Les témoins à charge sont au nombre de dix-huit.

Ceux à décharge au nombre de trois.

Ces témoins se retirent dans leurs chambres respectives.

M. le Président, à l'accusé : Maintenant, Verger, levez-vous.

Verger (d'un ton assez calme et s'exprimant avec facilité). Monsieur le président, j'aurais une observation à présenter avant de procéder à quoi que ce soit, si M. le président et la Cour veulent me le permettre j'en serai très-reconnaissant.

M. le président. Vous avez la parole.

Verger (se recueillant comme s'il allait prononcer un sermon). Il y a dix-neuf siècles, une parole grave était adressée au monde par un homme, qui était plus qu'un homme, par Jésus-Christ, homme et Dieu tout à la fois, cette parole est celle-ci : *Pax vobis*, *pax omnibus*. De nos jours, un autre homme que vous aimez, que vous vénérez et que j'aime et vénère avec vous, a répété cette parole et a dit : *L'empire, c'est la paix !*... Messieurs, il faut bien comprendre le sens de ce grand mot : l'Empire c'est la paix !...

M. le Président. Vous aviez demandé la parole pour présenter une simple observation et ceci est de la défense.

Verger. Je vais arriver à mon observation ; j'ai seulement eu l'intention d'appeler vos esprits sur le sens de ces deux grandes paroles prononcées à dix-neuf siècles de distance : l'empire du sabre, c'est la guerre ; l'empire moral, c'est la paix. — MM. les jurés, vous avez entendu tout à l'heure M. le greffier vous donner des détails les plus circonstanciés sur l'évènement dont je suis responsable vis-à-vis de Dieu, vis-à-vis de la société, vis-à-vis de moi-même. Les membres du barreau ont eu à leur disposition tous les documents, afin de m'accuser, de me noircir, de me montrer comme un criminel devant la société ; eh bien ! je dois vous dire qu'il n'en a pas été de même à mon égard. Depuis que je suis dans ma prison, il m'a été impossible de produire la moindre preuve. Sans doute les armes que je me suis forgées dans ma prison sont terribles, écrasantes, mais celles que j'avais préparées avant le délit ou le crime, comme on veut l'appeler, sont également formidables. (S'animant de plus en plus.) — Parmi les papiers qui ont été saisis chez moi, il y en a quelques-uns qui démontreraient jusqu'à quel point j'ai été victime de manœuvres abominables ; car, messieurs, il faut que vous sachiez que c'est l'inquisition papale qui m'a amené ici. Or, il y a parmi ces papiers des lettres émanées de mes ennemis eux-mêmes, et qu'il faut lire ici ; une partie seulement de ces lettres a été remise à mon honorable défenseur, je demande que toutes ces pièces soient tenues à ma disposition ; elles me serviront à établir qu'on a voulu me forcer à renoncer à ma foi ; or, un prêtre sans foi n'est pas un prêtre. Dans ma prison, ma personne est en sûreté, eh bien ! mes papiers le seront aussi. — De plus, messieurs les jurés, il a été exercé une violence morale à mon égard, par rapport aux témoins que je voulais faire entendre. On a autorisé l'audition d'un seul de ces témoins sur soixante. Dès lors je me suis cru dans le droit de faire un rapport de ce qui s'était passé, au ministre de la justice, en le priant de transmettre ma lettre à S. M. l'Empereur. Dans cette lettre je lui disais :

« Excellence, M. l'avocat-général, pour mon affaire, refuse « de faire citer tous les témoins dont je lui ai remis la liste. Je « considère ce refus comme une atteinte à mon droit, comme « une violence à mon égard. J'ai l'honneur de déclarer à votre « Excellence que je ne répondrai absolument rien à l'interroga- « toire de M. le Président, ou que si je parle ce ne sera que pour « faire connaître la résistance qu'on oppose à ma demande.

« Si on veut épargner la honte de mes ennemis, j'en suis « fâché ; quant à moi, je ne les crains pas, qu'il viennent tous.

« Ah ! justice humaine, la justice divine t'atteindra ; mille fois « malheur à toi ! »

Vous comprenez, messieurs les jurés, ceci est grave, très-grave. J'ai besoin de mes preuves. Elles sont de deux sortes; les premières sont verbales, ce sont mes témoins dont je demande l'audition; les secondes sont écrites, ce sont mes écrits, mes papiers dont je réclame la production; et, pour qu'il soit fait droit à ma demande, je vous conjure de faire renvoyer l'affaire à huitaine, afin que j'aie le temps d'assigner mes témoins et de produire mes preuves.

M. le Président (aux jurés). Il est important, messieurs les jurés, que vous sachiez au juste comment les choses se sont passées. Verger s'était pourvu contre l'arrêt de la chambre des mises en accusation qui le renvoyait devant la cour d'assises; son pourvoi a été rejeté jeudi dernier. Aussitôt je me suis transporté près de lui, et lui ai demandé s'il croyait avoir le temps nécessaire pour la préparation de sa défense, ou si, au contraire, il pensait avoir besoin d'un temps plus long, et après avoir exprimé un moment le désir de voir ajourner le jour des débats, il a consenti à sa fixation à aujourd'hui (à Verger). Voyons, est-ce vrai?

Verger. Monsieur le président. .

M. le Président. Oui ou non, est-ce vrai?

Verger. Il y a du vrai et du faux.

M. le Président (d'un ton sévère). Comment, il y a du faux!...

Verger (avec calme). Je m'explique. Vous m'avez dit que vous désiriez que ma défense fut complétement libre, mais qu'elle ne reposât que sur des faits et seulement sur ceux qui se rattachent à la mort de Monseigneur. Moi j'ajoutai : et sur les circonstances qui ont amené ces faits. Or, pour les circonstances, il faut que j'aie les lettres de mes ennemis les membres de l'inquisition papale.

M. le Président (aux jurés). Il faut, MM. les jurés, qu'il soit bien établi que l'accusé a eu tout le temps nécessaire pour se préparer. De quoi s'agit-il? De savoir si l'accusé est coupable de l'assassinat de Mgr l'archevêque. Maintenant il demande à faire entendre des témoins; lesquels? Pour ceux qui se rapportent aux faits de la cause, aux faits qui ont pu armer sa main, pour ceux-là, pas de difficultés : toute latitude lui a été donnée. Mais il ne s'agit pas seulement de ces témoins. L'accusé veut former comme une accusation contre les divers membres du clergé. Est-ce là son droit? est-ce la liberté ou plutôt n'est-ce pas la licence de la défense?

Verger (avec impatience). La liberté doit être complète...

M. le Président (continuant). Le ministère public pouvait-il et devait-il se prêter à un pareil caprice et à une semblable tentative? Il n'en a pas pensé ainsi, et c'est pourquoi il a refusé à l'accusé l'audition qu'il réclamait.

Verger. Ma demande devrait être respectée...

M. le Président. Consultez votre honorable défenseur et il vous dira lui-même où commence et où finit le droit de la défense.

Verger. Je vais répondre pour mon défenseur.

J'ai reçu hier, à deux heures de l'après midi, de M. le ministre de la justice, l'autorisation, contrairement à l'avis du procureur général, de faire citer mes témoins, mais à mes frais.

Depuis deux heures et demie jusqu'à cinq heures, j'ai écrit à mon défenseur ; mon défenseur m'a répondu à cinq heures et demie par le mot suivant :

« Vendredi, 5 h. du soir.

« M. Nogent Saint-Laurens reçoit à l'instant la lettre de M. Verger, qui lui communique l'autorisation qu'il a reçue de faire citer ses témoins.

« Jusqu'ici M. Nogent n'avait pas eu communication de la liste des témoins dressée par M. Verger ; en ce moment il n'est plus temps, on n'est plus dans les délais utiles. »

M. le Président (au défenseur). Me Nogent Saint-Laurens, avez-vous quelques observations à présenter sur cet incident?

Me Nogent Saint-Laurent. Je n'ai que peu de mots à dire. Quand j'ai vu l'accusé, il m'a parlé de témoins qu'il voulait faire entendre en sa faveur, il m'en cita un assez grand nombre. Je lui dis qu'il était peu probable que M. le procureur général l'autorisât à les faire appeler tous, et qu'il choisirait. Hier soir seulement j'ai été prévenu que Verger voulait les faire citer à ses frais. Je lui ai écrit qu'il n'était plus temps. Maintenant, en présence de la réclamation pressante de l'accusé, je prie la Cour de vouloir bien me permettre de m'entretenir avec lui pendant quelques minutes pour l'amener à réfléchir sur sa situation...

(Me Nogent Saint-Laurens se retourne du côté de Verger et lui adresse quelques paroles à voix basse).

M. le procureur général (aux jurés). Il ne faut pas donner à cet incident plus de portée qu'il n'en doit avoir. Est-ce qu'on peut croire ici que le ministère public voudrait apporter des entraves à la défense? Il faut bien que vous sachiez, messieurs les jurés, qu'il ne s'agissait pas de faire entendre des témoins nécessaires à la défense de l'accusé, mais de répandre dans cette enceinte d'affreuses calomnies... Je n'en veux d'autre preuve que cet odieux libelle que nous avons sous les yeux...

Verger (avec force). Lisez... lisez...

M. le procureur général (continuant). C'est un épouvantable ramassis...

Verger (du même ton). Eh bien ! lisons-le... lisons... lisons...

M. le Président. Verger, vous avez rappelé tout à l'heure les paroles du Christ...

Verger (avec exaltation). Oui, j'en appelle au Christ, à sa miséricorde, à sa bonté...

M. le Président. Eh bien, vous qui proclamiez la nécessité de la paix, tâchez donc qu'elle se fasse dans votre esprit...

Verger. Qu'on lise... (Se tournant vers le public.) Peuple, lisez....

M. le Président. Taisez-vous. (Aux jurés). Voilà l'homme... vous le connaissez maintenant... le voilà presque jugé...

M. le procureur général. Faire droit à la demande de l'accusé c'eût été se prêter à la plus abominable manœuvre. Au surplus, eussions-nous autorisé la citation de ces témoins, la plupart ne seraient pas venus, et il aurait fallu retirer la parole aux autres dès le premier mot. Pouvions-nous permettre à l'assassin, après avoir enfoncé le poignard dans le sein du vénérable prélat, de s'armer d'un autre poignard, celui de la calomnie, et de le diriger contre les membres du clergé de France? Voilà la vérité sur cet incident : le bon sens en fera justice.

Le délai que l'accusé réclame aujourd'hui n'a pas d'autre but que de recommencer une tentative dans laquelle il a échoué. Il est donc inutile de le lui accorder.

Les débats seront entiers.

Parmi les soixante témoins qu'il voulait faire entendre, nous en avons choisi trois, dont les dépositions se rapportent à ce fait; aller plus loin, c'eût été se prêter à un abus, nous ne pouvons y consentir.

Verger (s'adressant au public, avec véhémence). Peuple la défense n'est pas libre...

M. le président. Qu'entendez-vous par une défense libre?

Verger (avec quelque hésitation). J'entends l'affranchissement de tout lien...

M. le Président. Comment, de tout lien?

Verger. Oui, il y a des liens physiques : ce sont les verroux, les grilles, les gendarmes; ceux-là, je m'en ris; il y a les liens moraux, qui consistent dans des interpellations comme les vôtres.

M. le Président. Ainsi, votre prétention est que votre défense n'est pas libre, parce qu'on a refusé de citer ici vos témoins.

Verger (s'animant). Oui, ma vie a traversé les existences de toutes ces personnes, il faut donc que ma vie soit expliquée avec la vie de ces personnes; je maintiens donc ma réclamation.

M. le Président. Voyons, refusez-vous le débat ?

Verger. Je ne refuse pas le débat, mais je demande mes témoins, je les demande, il me les faut... Mes témoins, sans quoi je refuse...

M. le Président. Répondez aux questions...

Verger. Non... mes témoins!

M. Président. La parole est au défenseur.

Me Nogent Saint-Laurens. Je ne puis m'associer d'une manière absolue à la demande qui vient d'être exprimée par ce malheureux, mais je l'engage à la modération. Si, dans le cours des débats, la nécessité d'entendre quelques témoins se manifeste, je me joindrai à lui pour demander à M. le président d'ordonner leur comparution en vertu de son pouvoir discrétionnaire.

Verger. Honorable défenseur, je ne puis vous accorder ce que vous demandez. J'insiste pour que tous mes témoins soient entendus. Je n'en excepte pas un. Je maintiens ma volonté, et j'exige qu'elle soit exécutée. (Murmures dans l'auditoire).

M. le Président. La cour se retire pour en délibérer.

(Pendant ce temps, Verger devient un peu plus calme; il demande un verre d'eau qu'on lui apporte et qu'il boit avec avidité.)

Des conversations bruyantes s'élèvent dans l'auditoire. Au

bout de dix minutes, la cour revient, et M. le premier président donne lecture de l'arrêt suivant :

« La cour, après avoir entendu l'accusé et son défenseur,

« Ouï M. le procureur général et ses réquisitions,

« Considérant que sur la nécessité prétendue de faire entendre les témoins réclamés par l'accusé, il résulte de la liste desdits témoins et des observations que l'accusé a jointes aux noms de chacun d'eux... »

Verger, se levant sur ces derniers mots, s'écrie : — Non !

M. le Président. « Que leurs dépositions n'ont aucun rapport aux faits du procès et qu'elles n'ont pas pour but d'établir sa moralité,

« Par ces motifs, déboute l'accusé de sa demande et ordonne qu'il sera passé outre aux débats. »

M. le Président. Maintenant, Verger, voulez-vous répondre à nos questions ?

Verger (avec fureur). Non ! c'est une violence morale !... Je proteste contre cette violence morale.

M. le Président (aux huissiers). Eh bien ! faites entrer le premier témoin.

AUDITION DES TEMOINS A CHARGE.

1er témoin. — *Cormont*, sergent de ville. Il dépose ainsi : Le 3 janvier, je rentrai chez moi, après avoir fait mon service, lorsque ma femme m'invita à aller voir la cérémonie de Sainte-Geneviève, à Saint-Étienne-du-Mont. Je me suis placé au cinquième rang des chaises. L'accusé se trouvait au troisième ; Mgr l'archevêque achevait la procession. Verger se précipita contre l'archevêque et le frappa d'un coup de poignard. Je l'entendis crier : « A bas la Déesse ! » D'autres de mes camarades sont venus, nous l'avons arrêté.

M. le Président (à l'accusé). Qu'avez-vous à dire?

Verger. La déposition du témoin est exacte, seulement j'ai à me plaindre d'avoir été maltraité.

Le témoin. Non, monsieur...

Verger. Si, très-maltraité. Après avoir frappé, je n'ai fait aucune résistance et j'ai présenté mon arme. Cependant j'ai été maltraité ; je porte la trace de ces mauvais traitements sur mon gilet. (Ici l'accusé fait voir son gilet, qui porte deux légères déchirures sur le devant.) De plus, j'ai reçu des coups de poing et des coups de pied dans la partie postérieure et ailleurs. Une arrestation pareille est immorale. (Rires dans l'auditoire.)

M. le Président. D'ordinaire, les agents de police remplissent leur devoir avec beaucoup de modération ; mais en admettant que ceux qui vous ont arrêté vous aient quelque peu maltraité, l'indignation causée par le crime que vous veniez de commettre, leur servirait suffisamment d'excuse.....

Verger. Oui ! si j'avais résisté ; mais je n'ai opposé aucune résistance.

2e témoin. — *Guiot* (Pierre-Marie), 41 ans, huissier à l'église

Saint-Etienne-du-Mont. Je n'ai pas vu l'accusé frapper Monseigneur, mais je l'ai entendu crier : *A bas la Déesse* ! En proférant ces paroles, il brandissait son arme, et se baissait comme pour voir par dessous le jubé la statue de Sainte-Geneviève, qu'il prenait probablement pour celle de la Sainte-Vierge.

M. le Procureur général (au témoin). N'avez-vous pas vu l'accusé près du banc d'œuvre, avant les faits que vous venez de rapporter.

Le Témoin. Je ne pourrais l'affirmer... Je le crois...

M. le Président (à l'accusé). Verger, qu'avez-vous à dire?

Verger. Ce témoignage est faux, ou le témoin se trompe. Quand j'ai frappé je faisais face à Monseigneur, j'avais le dos tourné au chœur, et dès lors je ne pouvais voir par dessous le jubé. Donc le témoignage est faux.

3e témoin. — *Marguerite Duchâtel*, femme *Laîné*, loueuse de chaises à Saint-Etienne-du-Mont. J'étais placée au bas de la nef, sur la gauche, pour faire ma recette ; un homme se tenait au troisième rang. La procession arrivait ; Monseigneur, après avoir donné la bénédiction du côté gauche, la donnait du côté droit. Tout à coup l'homme du troisième rang se précipite sur Monseigneur. Je crus d'abord qu'il lui avait donné seulement un coup de poing, mais quand je vis qu'il tenait un couteau à la main, je me trouvai mal, et m'appuyai sur la barrière ; quand je revins à moi, on transportait Monseigneur dans la sacristie.

M. le Président. Quelle était l'attitude de l'accusé quand il s'est levé pour frapper l'archevêque ? — R. Je ne l'ai pas vu se lever positivement ; je l'ai vu frapper.

M. le Président. Verger, qu'avez-vous à dire sur cette déposition ?

L'accusé. Le témoignage de madame est nul dans ses conséquences.

Je ferai observer en passant qu'il n'est pas permis, d'après Jésus-Christ, de faire payer quoi que ce soit dans l'intérieur de l'église... J'ai donné 10 centimes à Madame pour m'asseoir en dedans de la barrière... Je pense que madame s'en souviendra ; et je désire que cela lui serve pour le salut de son âme... (Rires au fond de l'auditoire.)

Madame, du reste, ne peut pas même dire le moment précis où je suis entré dans la barrière. Eh bien ! moi je le dis : J'y suis entré pendant le *magnificat*.

M. le Procureur général. Ce détail a peu d'intérêt.

4e témoin.—Sieur *Picault*, 48 ans, coutelier, rue Dauphine, 46. Le 11 du mois de décembre, un prêtre est entré dans ma boutique ; je lui ai vendu un couteau que je pourrais reconnaître, car mon nom est gravé dessus. Ce couteau est porté sur mon livre avec cette désignation : « couteau à cornillon ; » je l'ai vendu 15 francs. J'ai vendu en même temps, à l'accusé, un canif de 2 francs 50 centimes. Il m'a donné 20 francs, sur lesquels je lui ai rendu 2 francs 50 centimes.

M. le président. Huissier, présentez le couteau au témoin. (L'huissier exécute cet ordre.) — (Au témoin.) Reconnaissez-vous cette arme ?

Le témoin. Parfaitement.

M. le président (à l'accusé). Et vous, Verger ?

Verger (d'un ton naturel). Moi aussi...

M. le président. Avec quel argent avez-vous fait cette acquisition ?

Verger (un peu embarrassé). Permettez-moi de réfléchir... Avec de l'argent qui me venait de divers côtés...

M. le président. N'avez-vous pas reçu un secours de monseigneur l'archevêque ?

Verger. Non, monsieur le président; cet argent provenait de meubles que j'avais vendus.

5e témoin. — *M. l'abbé Hanicle*, curé de Saint-Séverin. Le jour de Noël, après vêpres, une lettre me fut remise par un inconnu dont je ne pourrais préciser ni la taille, ni la corpulence. Je crois cependant qu'il était de taille ordinaire et assez mince.

Verger (avec aplomb). Regardez-moi, monsieur le curé.

Le témoin. Je n'ai pas assez fixé l'inconnu pour le reconnaître. Je ne lus pas cette lettre immédiatement; elle était assez volumineuse. Je l'ouvris plus tard et fus très-surpris de certaines diatribes dirigées contre certaines parties d'un sermon que j'avais prononcé, relatives à la charité dont un pasteur doit, selon moi, faire toujours profession. La lettre était signée Verger, prêtre. J'avais remarqué, dans le cours de la lettre, une sorte de frénésie. Elle se terminait par l'expression de sentiments différents. Le lendemain, je devais célébrer une messe pour la réconciliation des familles divisées de ma paroisse; il me priait de ne pas l'oublier dans cette messe, et me disait qu'il serait bien aise qu'après la cérémonie nous devinssions amis d'ennemis jurés que nous étions. Je ne sais à quel titre nous pouvions être ennemis, puisque je ne le connaissais pas. Il me disait encore dans cette lettre : « Venez à moi; pour moi, je suis déjà à vous. » Ces derniers mots m'inspirèrent la pensée d'aller au-devant d'un homme qui était prêtre. Je voyais dans sa lettre non pas de la folie, mais de l'exaspération.

Verger. Vous parlez de frénésie... La frénésie, c'est de la folie !...

M. le président. N'interrompez pas le témoin.

Le témoin (continuant). Une personne envoyée par moi se rendit à l'adresse indiquée dans la lettre; elle apprit que Verger avait demeuré dans cette maison, mais qu'il en était sorti sans qu'on pût préciser l'époque. « Il demeurait, répondit-on, aux environs de la rue de Seine et de la rue Dauphine, chez un de ses frères, à ce que l'on croyait. » Un jeune homme présent à cette visite déclara que l'accusé avait été interdit, chassé du diocèse de Meaux, et ne méritait pas qu'on s'intéressât à lui. Le jeune homme ajoutait : « Je lui ai rendu service, et j'en ai été bien mal récompensé; je vous conseille de ne pas le faire. je ne ferais pas trois pas vers lui pour lui rendre service. » Il disait un mot que je regrette de répéter, la pudeur du sacerdoce et la solennité de cette assemblée en seront blessés...

M. le président. Il faut tout dire...

Verger. Oui, dites la vérité, monsieur le curé.

Le témoin. Vous le voulez. Eh bien! on m'a dit que vous étiez une *vraie canaille*.

Verger. J'accepte le mot, jusqu'à preuve du contraire.

Le témoin. Je suis fâché d'avoir sali mes lèvres d'un pareil mot. Jamais je ne l'ai donné, mais vous l'avez voulu.

M. le président (au témoin). La lettre qui vous était adressée contenait une analyse du sermon que vous aviez prononcé?

Le témoin. Oui.

D. Cette analyse vous a-t-elle paru intelligente? — R. Oui; mais la lettre était une vraie diatribe.

D. A cela près, elle portait le caractère de la raison? — R. Elle m'a paru bien raisonnée d'un bout à l'autre, mais en se plaçant au point de vue de l'auteur.

M. le président. Accusé, qu'avez-vous à dire sur la déposition?

Verger. Je relèverai une parole que j'ai écrite moi-même : d'ennemis jurés, ai-je dit, nous redeviendrons amis. Je suis l'ennemi juré du sacerdoce actuel, comme Jésus-Christ était l'ennemi des Pharisiens et du clergé de son temps... Je suis l'ennemi de tout ce qui est *pharisaïque*, de tout ce qui est hypocrite...

Quant au reste, je fais observer que M. le curé lui-même déclare qu'à mon point de vue, mon écrit était conçu d'une manière suivie.

M. le Président. A ce moment, votre projet d'assassinat était-il arrêté?

Verger (froidement). Non.

M. le président. Où en étiez-vous alors?

Verger. Je travaillais à un écrit qu'on m'a saisi, et dont je voudrais que l'auditoire et la Cour pussent entendre la lecture.

M. le procureur général. Voilà encore une de ces demandes que nous ne pouvons admettre; d'ailleurs cet écrit est étranger.....

Verger (avec feu). Non, monsieur l'avocat-général, tout se tient dans cette affaire... il faut qu'on le lise.

M. le président. Nous ne pouvons autoriser une semblable lecture.

Verger (s'adressant au public). Voyez, auditoire! on me refuse... et pourtant on m'accuse... entendez-le bien!

M. le président. Il ne s'agit pas ici de la glorification de vos doctrines personnelles.

Verger. Je ne glorifie pas, je suis plein de douleur.

M. le président. Montrez-la donc votre douleur.

Verger. Oui, monsieur le président, par mon énergie, par la force de Dieu.

M. le président. Par votre humilité.

Verger. Non, par mon énergie.

Le *témoin*. Je demanderai à la Cour l'autorisation de me retirer.

M. le président (à Verger). Accusé, vous y opposez-vous?

Verger (d'un ton brusque). Oui, je m'y oppose.

(Le témoin va s'asseoir d'un air résigné.)

6e témoin. — M. *Legentil*, propriétaire, dépose :

J'ai connu l'accusé lorsqu'il était curé de Serris. Je n'ai rien à dire sur sa conduite. Je fus absent pendant cinq mois; je reçus à mon retour une lettre de Mgr l'évêque de Meaux, dans laquelle il me disait : « Vous avez sans doute entendu parler du scandale qu'a donné M. l'abbé Verger, curé de Serris; nous avons été obligé de l'interdire. Ce jeune homme tient des propos qui lui font du tort. » Mgr l'évêque de Meaux me conseillait d'aller voir l'accusé. Je me rendis rue Racine, 2. Il avait manifesté dans ses lettres à monseigneur l'intention de se marier. Je l'en détournai, et l'engageai à subvenir à ses besoins par un travail opiniâtre. Notre conversation fut longue et bienveillante de part et d'autre. Le lendemain au soir, il se présenta chez mon concierge et me fit prier de le recevoir. Je le reçus en effet. Dans ce second entretien, je lui répétai à peu près ce que je lui avais déjà dit, qu'il avait trop fait parler de lui; je l'engageai de nouveau à se vouer au travail. Je ne lui reparlai pas de mariage puisqu'il ne m'en parlait pas. Il réclama contre la décision de son évêque, manifesta l'intention de s'adresser à son métropolitain. Je lui répondis que je croyais que sa demande ne serait pas accueillie. Il parlait même de s'adresser au Saint-Siége : je lui répondis que c'était une grosse affaire et qu'il fallait y regarder à deux fois... Verger montra dans la conversation une suite parfaite. Il me parla du projet qu'il avait de faire subvenir l'évêque de Meaux à ses besoins. Je lui répondis que monseigneur ne ferait pas à un prêtre interdit une pension réservée à des ecclésiastiques dont la conduite a toujours été irréprochable.

Verger. On a toujours droit au traitement qu'on a gagné.

Le *témoin*. L'accusé me fit en effet une observation à cet égard; je répondis que cela ne paraissait pas pouvoir faire difficulté. Mgr l'évêque de Meaux, auquel je fis part de cette réclamation, m'écrivit qu'il toucherait son traitement jusqu'au jour où il avait quitté sa paroisse. J'en prévins Verger qui revint me voir une fois encore; il me parla d'un ton plus calme. Je lui dis que le payement de ce qui lui était dû ne pourrait être ordonné qu'en janvier. Il me répondit : « C'est bien long. » Depuis lors, je ne l'ai pas revu.

M. le président. Messieurs les jurés, il faut vous faire connaître des faits que vous ignorez. Pendant que Verger était curé à Serris, un homme, accusé d'empoisonnement sur sa femme, fut jugé par la Cour d'assises de Melun. Verger ne le connaît pas, et cependant, à la suite de l'arrêt de condamnation, il a écrit sur les faits les choses les plus inconvenantes; il compose une brochure dans laquelle il insulte l'institution du jury, et publie un Mémoire où il relève les torts de la justice qui a prononcé une condamnation dans l'affaire dont il s'agit. La brochure est saisie. Alors Verger colporte des lettres. L'administration et le ministère public s'émeuvent. Des avertissements lui sont donnés. L'accusé fait alors de la prétendue innocence de l'empoisonneur l'objet de ses prédications en chaire.

Verger. J'étais fort de l'innocence de cet homme.

M. *le Président*. De l'innocence d'un homme condamné par le jury? C'est à la suite de ces faits que l'autorité supérieure ecclésiastique a prononcé l'interdiction contre Verger. (A l'accusé.) Qu'avez-vous à dire sur ces faits?

Verger (d'un ton presque solennel). J'ai beaucoup de choses à dire.

Il y a deux mois, c'était le 12 novembre, et nous sommes aujourd'hui le 17; quelle coïncidence! Je me levai de bonne heure pour aller à Melun; je partis avec Mme Martin, l'une de mes paroissiennes, qui était parente de la femme prétendue empoisonnée... Mon intention n'était pas d'aller aux Assises, mais bien d'aller réclamer quelques secours pour mes deux églises.

Mme Martin me pria de l'accompagner; je lui répondis: Les ecclésiastiques ne vont pas à l'audience; — bien des gens pensent que c'est un scandale. Nous descendîmes au même hôtel, et je déjeûnai avec la famille Martin. A la fin du déjeûner les membres de cette famille m'entraînèrent à l'audience. Bientôt l'accusé est introduit; la Cour entre; on lit l'acte d'accusation (comme tout à l'heure); on interroge l'accusé. Dans tout son interrogatoire, on n'a pas trouvé une seule trace de liqueur vénéneuse donnée à celle qu'on disait empoisonnée. A la première interruption d'audience, je me dis : Il faut que j'aille voir le préfet; mais je ne sais quelle force invincible me retenait là. Je suis resté. Je n'ai pas voulu perdre une parole. Ecoutez bien, Messieurs, c'est grave, très-grave; j'ai bouleversé une Cour tout entière. Les débats continuent. De leur ensemble il résulta seulement ceci : l'accusé avait souvent battu sa femme; il avait eu des rapports criminels avec plusieurs autres femmes, il avait séduit dans sa propre maison la sœur de sa femme, ce qui n'était ni plus ni moins qu'un inceste. Mais il n'y avait pas d'empoisonnement.

Le ministère public a fait une enquête et une contre-enquête: qu'a-t-il trouvé? rien ; la science? rien. On a distrait les entrailles de sa prétendue victime, on les a distillées à Melun, à Paris, les chimistes n'ont trouvé nulle trace de poison, moi-même j'ai été à la Faculté de médecine, j'ai été trouver M. Lesueur et je lui ai posé cette question: Est-il possible qu'une personne soit empoisonnée sans qu'il en reste de trace? Il me demanda à quelle époque remontait le décès...

M. le Président. Je ne puis vous laisser continuer plus longtemps; l'affaire dont vous parlez n'a aucun rapport avec le débat actuel. — R. Au contraire, M. le président, je suis dans la cause.

D. Quel rapport trouvez-vous entre ces deux affaires? — R. Vous ne voulez pas me laisser continuer, c'est une violence nouvelle que vous me faites subir. Vous m'accusez d'avoir insulté le jury et la justice. Oui, j'ai battu, battu à plate couture deux magistrats de Melun; ils ont été chercher le procureur impérial, M. Armet de Lisle; mais il ne m'a pas effrayé, je l'ai bousculé comme les autres, Alors ne sachant que faire, M. Armet de Lisle m'a dit: Voyons, quelle peine allons-nous vous infliger? ne savez-vous pas que d'un coup de sonnette je puis vous faire arrêter comme fou. Je me suis modéré et il m'a congédié en me disant: Allez-vous en, vous êtes fou. Je lui ai répondu : Puisque vous êtes plus fort que moi, attaquez-moi, je saurai vous répondre.

M. le Président. Ceci n'est pas l'affaire...

Verger. Vous vous plaignez de ma brochure...

M. le Président. Voyons...

Verger. Non.

M. le Président (avec sévérité). Comment, non? Modérez-vous donc? nous ne supporterons pas plus longtemps un pareil ton...

Verger. Moi non plus, je ne supporterai pas vos accusations.

M. le Président. Taisez-vous? Voyons, avez-vous publié une brochure contre l'institution du jury?

Verger. Oui.

M. le Président. Ainsi, voilà votre manière de voir. Un homme est condamné par la justice de son pays, par ses concitoyens, il est reconnu coupable d'empoisonnement...

Verger (avec animation). Il est innocent...

M. *le Président.* Vous vous constituez tout seul son défenseur?

Verger. Oui, il est innocent.

M. *le Président.* Voulez-vous bien me laisser parler?

Verger. Si on m'interrompt toujours, j'aime mieux la guillotine.

M. *le Président.* Me laisserez-vous parler?

Verger. J'aime mieux la mort que l'insulte à Dieu! (Rumeurs dans l'auditoire.)

M. *le Président.* Ainsi, je le répète, voilà, vous prenez la défense d'un empoisonneur; vous vous croyez plus sage que la justice elle-même.

Verger (avec ironie). Oui.

M. *le Président.* Que le jury...

Verger. Oui, oui. Qu'on lise mon *Colin-Maillard.*

M. *le Président.* Et vous lui écrivez à cet homme, vous, un prêtre, à un condamné : *Mon ami?* R. Oui, mon ami; est mon ami quiconque souffre et est condamné injustement.

M. *le Procureur général.* L'accusé vient de prononcer un mot, qui pourrait faire croire à MM. les jurés à un derangement d'esprit. Il a parlé de son *Colin-Maillard.*

Verger, interrompant. Oui, *Colin-Maillard*, car vous avez tous les yeux bandés, vous les juges de Paris aussi bien que les juges de Melun.

M. *le Procureur général.* C'est là précisément le sens de ce titre.

Verger. Oui, qu'on lise *Colin-Maillard*! Peuple, demandez-en la lecture. Demandez-le à mon frère, il vous le procurera.

M. le Procursur général. Ce titre avait simplement pour but d'attirer la curiosité.

M. Legentil. M. le président, je vous demanderai la permission de me retirer tout-à-fait.

M. le Président. Verger, vous y opposez-vous ?

Verger. Je m'y oppose.

7° *Témoin.* — M. l'abbé *Bautain*, vicaire général, promoteur de l'archevéché de Paris, dépose :

J'ai connu Verger en 1852 pour la première fois. Il avait quitté le diocèse de Meaux sans la permission de son évêque. Il demande à Mgr l'archevêque de Paris des pouvoirs. On écrivit à l'évêque de Meaux qui répondit que Verger n'était pas sans talent, mais qu'il avait un caractère difficile. Plus tard, lorsque je le revis, il voulait dire la messe à Paris ; mais les réglements ecclésiastiques...

Verger (ave ironie). Joli réglement !

Le témoin (continuant). Exigeant pour cela des moyens d'existence, je dus lui répondre que je ne pouvais lui accorder cette autorisation qu'autant qu'il me justifierait de ses moyens d'existence.

C'est alors qu'est intervenu M. le curé de Saint-Germain-l'Auxerrois qui, prévenu en sa faveur par une sœur de charité...

Verger (interrompant.) Par ma gentillesse. (Murmures dans l'auditoire.)

M. Bautain (se tournant vers l'accusé). Mais je ne dis rien contre vos mœurs?

Verger. Comme c'est beau, cette conduite là !

M. Bautain (continuant). M. l'abbé Legrand, me dit qu'il donnerait à ce jeune homme une position dans sa paroisse, sauf mon assentiment. Je fis quelque résistance, et pourtant je cédai en lui disant : Monsieur le curé je le mets sous votre responsabilité, je vous le confie. M. l'abbé Legrand me dit : J'en réponds. Ça alla bien pendant quelque temps. .

Verger. Pendant quatre ans.

M. *Bautain.* M. Legrand me demanda même pour lui l'autorisation de confesser les enfants.

Verger. Et même les grandes personnes.

M. *Bautain.* Je la lui accordai en lui disant que, s'il apercevait quelque inconvénient, il lui retirât cette autorisation immédiatement.

Verger. Dites pourquoi ?..

M. Bautain. Plus tard, M. Legrand crut devoir me signaler quelques soupçons touchant les mœurs de l'accusé.

Verger (avec fureur). Vous êtes un scélérat (rumeurs violentes). Oui, un scélérat, je le dis au nom de la société.

M. *le Président.* Je vais vous faire mettre à la porte si vous ne vous taisez de suite.

M. *Bautain.* Je ne sais au juste ce qui se passa à Saint-Germain-l'Auxerrois, mais Verger dut quitter le presbytère. J'appris bientôt après que l'accusé répandait des écrits odieusement diffamatoires contre des membres du clergé de Paris ; comprenant alors combien cet homme pouvait être dangereux, j'écrivis à M. le préfet de police. Mais comme aucun fait tombant sous l'application de la loi n'était relevé contre lui, on dut le laisser en liberté.

Verger. C'est là l'œuvre de l'inquisition, on voulait m'enfermer...

M. *le Président.* Taisez-vous donc.

M. *Bautain.* En même temps j'en référais à Monseigneur qui me fit remarquer que Verger n'étant pas du diocèse, il fallait le renvoyer à Mgr l'évêque de Meaux.

Verger. J'étais du diocèse, j'en ai les preuves écrites.

M. Bautain. J'écrivis alors à Mgr Allou, qui accueillit ma lettre avec bonté et consentit à le placer comme curé dans une des communes de son diocèse.

Le 15 décembre dernier, Mgr de Meaux m'écrivit que, malgré toute sa bonne volonté, il venait d'être obligé d'interdire Verger, et m'avertissait que celui-ci allait probablement revenir à Paris.

M. *le Président.* Qu'avez-vous à dire sur cette déposition?

Verger. Je dois dire et déclarer à M. le promoteur, que c'est lui avec M. le curé de Saint-Germain-l'Auxerrois qui, sans soupçons sur ma foi ou mes mœurs, ont juré ma perte. M. l'abbé Legrand, ennuyé de me voir rester dans sa paroisse, à cause des amitiés secrètes et des propositions qu'il m'avait faites, a cherché à me mettre autre part. Il me retrancha les deux tiers de mes appointements, néanmoins je demeurai dans sa paroisse; c'est alors qu'il se dit : Je vais attaquer ses mœurs; je lui interdirai le confessionnal; ce qui était illogique, puisqu'il me laissait le droit de dire la messe...

M. *l'abbé Bautain.* L'ordination et la juridiction sont deux choses distinctes.

Verger. C'est la doctrine de l'inquision.

Le Témoin. Je connais ces choses-là mieux que vous.

Verger. Vous parlez d'après votre titre, moi j'invoque le mien; je vous le prouverai quand vous voudrez.

M. *le Président.* Verger quelles sont les autres observations que vous avez à faire sur la déposition du témoin.

Verger. J'en ai beaucoup, il s'agit de la vérité, et la vérité, il faut savoir l'entendre avec patience.

M. le Président. Ce n'est pas, ce nous semble, la patience qui nous manque. (On rit.)

Verger. Je vous demande pardon ; si vous aviez eu plus de patience, je serai plus calme ; mais vous ne voulez voir que le meurtre, que le poignard et l'échafaud... Moi, je vois autre chose; vous ne voulez pas réfléchir que moi je travaille à ce résultat depuis quinze ans.

M. l'abbé Bautain. Puis-je me retirer?

M. le Président (à l'accusé). Y consentez-vous?

Verger. Non, monsieur m'a fait bien des refus, je puis bien lui faire à mon tour subir un petit refus comme celui-ci.

8e témoin. — *M. Parent du Chatelet*, propriétaire à Paris.

M. *le Président.* Vous avez reçu l'accusé chez vous, vous lui avez donné l'hospitalité?

M. Parent du Chatelet. Oui, monsieur le président.

M. le Président. C'est à cette occasion que l'accusé vous a écrit une lettre?

M. Parent du Chatelet. Oui, monsieur.

M. le Président. Huissier, représentez cette lettre à l'accusé,

Verger. Voulez-vous me permettre de la lire.

M. le Président. Il ne s'agit pas de la lire, mais seulement de reconnaître si elle est de votre écriture.

Verger. Eh bien! je ne déclare rien.

M. le Président. En vertu de notre pouvoir discrétionnaire nous donnons lecture de cette lettre. Elle est ainsi conçue :

« Paris, 31 janvier 1856.

« M. Parent-Duchatelet m'a donné l'hospitalité depuis mon retour de Montivilliers (Seine-Inférieure).

« Je l'en remercie cordialement. Je remercie également toutes les excellentes personnes qui l'entourent et qui m'ont prodigué leurs soins.

« Je déclare M. Parent et toute autre personne de sa maison complètement en dehors de mes affaires. Il n'y a pris aucune part, ni directe, ni indirecte.

« Seul, j'ai prémédité, j'ai porté le coup qui vient d'atteindre l'archevêque de Paris.

« L'abbé VERGER. »

Verger. J'ai écrit cette lettre au moment où, l'année dernière, poussé à bout par l'inquisition parisienne, et après être resté huit mois sur le pavé, Monseigneur se fatiguait de ma présence, et il avait raison. Il n'y avait plus pour moi qu'un moyen : ou de me noyer ou de me tirer un coup de pistolet, ce qui eût fort réjoui mes ennemis, ou de faire ce que j'ai fait. J'ai dû avoir cette énergie, cette pensée que Dieu donne à tout homme. Dieu donne à tout homme un droit souverain, quand pendant huit mois un tribunal, civil ou ecclésiastique, lui a refusé la justice. M. le procureur impérial a reçu mes déclarations; le préfet a reçu mes déclarations; le chef du cabinet de la préfecture a reçu mes déclarations; j'ai dit à ce dernier lui-même, brandissant mes deux mains au-dessus de son bureau : S'il faut en finir avec l'archevêque, j'en finirai avec lui; s'il faut armer ma main je l'armerai; s'il faut faire descendre sa tête, je la ferai descendre! Voilà les terribles choses que j'ai dites. Il me répondit: « C'est terrible, ce que vous dites là. » Arrêtez-moi, lui dis-je. On ne m'a pas arrêté.

M. *le président.* C'est là une doctrine abominable!

Verger (avec exaltation). Mensonge! mille fois mensonge au président! anathème! malédiction au président! Oui, j'ai dit tout cela en présence de témoins!

M. *le président.* On ne peut qu'avoir pitié d'une pareille exaltation d'un homme qui ose justifier son crime conçu un an avant de l'exécuter.

Verger (de plus en plus furieux). Mensonge! mensonge! Jésus-

Christ qui êtes là ! qui voyez ce magistrat ! anathème contre lui !

M. *le président*. Taisez-vous, de tels blasphèmes sont plus abominables dans votre bouche que dans toute autre encore (à l'huissier); appelez un autre témoin.

9e témoin. M. l'abbé Millaud, supérieur du séminaire de Saint-Nicolas-du-Chardonnet.

L'accusé est entré au séminaire de Saint-Nicolas-du-Chardonnet le 1er avril 1841, il débuta en septième, et l'année suivante il fit sa sixième. En 1843, il faisait sa quatrième lorsque M. Dupanloup, notre supérieur, qui entre autres qualités est doué d'une rare perspicacité, me dit : Voilà un jeune homme qui déshonorera l'état ecclésiastique, il faut nous en défaire.

Verger. Qu'on voie mes notes!

Le témoin. Les notes n'étaient pas mauvaises, mais elles ne témoignaient aucune sympathies de la part des professeurs.

Verger. Mensonge ! les professeurs existent! qu'on les entende.

Le témoin. Quand il fut en troisième, je reçus la visite d'une sœur de Neuilly, qui me dit : « J'ai donné 60 fr. à Verger. »

Verger. Donné ! vous entendez ?

Le témoin. Pour acheter des livres...

Verger. J'en avais acheté.

Le témoin. Cette sœur s'étonnait que Verger lui demandât encore de l'argent. Il s'agissait d'une classe élémentaire.

Verger. La troisième n'est pas une classe élémentaire.

Le témoin. J'en parlai à l'accusé qui me dit avoir acheté une histoire de France d'Anquetil, en vingt-deux volumes.

Verger. Vous oubliez Racine, Molière et Pascal.

Le témoin. Je lui représentai qu'il y avait une sorte d'indélicatesse à dépenser l'argent des pauvres pour acheter des livres inutiles j'en parlai à M. Dupanloup, qui me dit : Voilà l'occasion, renvoyons-le à sa famille. Je le renvoyai dans le courant de septembre 1844, et je fus longtemps sans le revoir. Dans le courant de 1852, il vint me voir à Notre-Dame-du-Chardonnet ; il se plaignit de son supérieur, M. Legrand. J'étais attaché à cet ecclésiastique par les liens d'une amitié et d'une estime dues aux vertus les plus respectables. Je fus indigné de ses calomnies, je lui déclarai nettement qu'il était dans une mauvaise voie et je lui dis qu'il fallait rentrer dans celle de l'obéissance...

Verger. Aveugle !

Le témoin. L'accusé reconnut que je le recevais avec froideur, et il cessa ses visites. En 1854, M. Dupanloup m'écrivit que Verger lui demandait un service et se recommandait de moi. Qu'en pensez-vous, me disait-il? Je recourus alors au registre du séminaire et consultai les notes où je lus : Renvoyé à sa famille pour cause d'indélicatesse.

Verger. On a dit que c'était pour vol?...

Le témoin. Ce n'est pas moi.

Verger. C'est dans le dossier.

M. *le procureur général*. C'est une erreur.

Verger. Je l'ai vu...

M. le président. Avez-vous bientôt fini vos interruptions?

Verger. Oui, M. le président.

Le Témoin. J'écrivis à M. Dupanloup : J'ai trouvé la note dans le dossier ; de plus, il est venu me parler; il m'a dit du mal de son curé, M. Legrand, que nous respectons tous. Je ne lui ai pas caché ma façon de penser sur ses calomnies ; je ne dis pas qu'il doive en répondre devant Dieu, mais il a l'esprit plus ou moins dérangé. J'appris, plus tard, le crime dont il s'était rendu coupable. Je changeai de couleur quand je songeai qu'il avait passé entre nos mains ; mais ce fut en même temps une sorte de consolation de penser qu'une intelligence perspicace avait deviné ce monstrueux avenir.

M. le Président. Verger, qu'avez-vous à dire?

Verger. Je parlerai avec beaucoup de calme, mais ne m'interrompez pas. Je demanderai d'abord que l'on fasse avancer mon père, s'il est présent ici

M. le Président. Pourquoi faire?

Verger. Pour contrôler la déposition du témoin.

M. le Président. C'est inutile.

Verger. J'étais en effet le protégé de Mme Rochefort, supérieure des sœurs de Neuilly. Dans une lecture spirituelle que leur fit M. Dupanloup, qui était alors en lutte avec l'Université, il nous dit : « Mes enfants, il faut vous pourvoir de livres classiques, afin de soutenir la lutte aux examens du baccalauréat. » J'ai cru qu'il fallait acheter le plus de livres possible. Je demandai 60 francs à Mme Rochefort, qui me les donna. Mon père fit cette acquisition avec moi; il acheta, non pas des livres neufs, mais des livres d'occasion, il économisa 15 francs avec lesquels, il faut tout avouer, il m'acheta un pantalon et un parapluie, parce qu'il est pauvre, très-pauvre, mon père.

Ces livres, je ne les ai pas apportés au séminaire, parce que je savais que M. Millault ne leur donnerait pas le timbre du séminaire. Ils restèrent chez moi.

Le Témoin. Je demande à rectifier deux points dans ce que dit l'accusé. Le premier, c'est que M. Dupanloup ait engagé les élèves à se procurer à l'avance les livres dont vient de parler l'accusé ; le second, c'est sur la promesse que j'avais faite à Verger que cette affaire n'aurait pas de suite.

Verger. Mensonge!

10e témoin.—*M. Dauchez*, avocat, dépose : J'ai été chargé de réclamer à M. Verger des billets souscrits à un de mes cliens. Ces billets étaient nuls et je priai de vouloir bien les régulariser. Je lui adressai ma lettre à Montivilliers, près le Havre. Il me répondit une lettre fort polie, dans laquelle il me disait qu'il viendrait à Paris, si cela était nécessaire. J'insistai, et, comme il m'écrivit une lettre moins convenable, je le prévins que s'il voulait se prévaloir de l'irrégularité des billets, j'avertirais Monseigneur et le supérieur de la maison où il était professeur. Plus tard, j'appris qu'il avait terminé cette affaire et qu'il avait souscrit d'autres billets réguliers, ceux-là, et à l'échéance de 1858.

M. le Président. Verger, qu'avez-vous à dire?

Verger. Tout ce que dit le témoin est la vérité.

11ᵉ témoin.— *Prévost*, tailleur.

M. le Président. Êtes-vous parent de l'accusé?

Le Témoin. Non, Monsieur.

Verger. Si, il est mon beau-frère.

Le Témoin. Ma sœur a épousé son frère.

Verger. Eh bien, nous sommes parents par alliance. (On rit.)

Le Témoin. Je ne tiens pas à sa parenté; j'ai même fait tout ce que j'ai pu pour empêcher ma sœur d'épouser son frère. Quant à lui, il y a longtemps que je l'avais vu; je lui ai fait un pantalon il y a plusieurs années et il ne m'a jamais payé.

M. le Président. Allez vous asseoir.

12ᵉ témoin.—*M. Montandon*, ministre protestant, dépose : Il y a environ un an, je reçus la visite d'un homme que je ne savais pas d'abord être l'accusé, ou du moins je ne suis pas sûr.

Verger. C'est bien moi.

Le Témoin. Il se présenta à moi en costume laïque, il me dit qu'il appartenait au clergé catholique, qu'il avait été attaché à la paroisse de Saint-Germain-l'Auxerrois et qu'il désirait devenir protestant et pasteur.

Ma première réponse fut qu'il pouvait se faire protestant sans pour cela arriver à la dignité de pasteur; que pour devenir pasteur, il aurait des épreuves, des examens à subir. Je lui demandai pourquoi il voulait abjurer le catholicisme. Il me répondit qu'il avait à se plaindre de ses supérieurs. Je lui répondis que ce n'était pas là un motif.

Au bout d'un quart d'heure d'entretien, l'accusé sortit sans me dire sa dernière pensée.

M. le Président. Ainsi le but de sa démarche était d'embrasser le protestantisme?

Le Témoin. Ses ouvertures à cet égard n'étaient pas complètement explicites; il venait plutôt prendre des informations auprès de moi.

Verger. Oui, je venais prendre des informations, et comme, après avoir causé avec le témoin, j'ai reconnu qu'il y avait aussi des difficultés chez les protestants, je renonçai à mon projet. J'ajoute enfin que, pour moi, les protestants et les catholiques sont également dans l'erreur.

13ᵉ témoin. — *M. Sibon*, vicaire de la paroisse Saint-Germain-l'Auxerrois. J'ai connu l'accusé tout jeune. Le curé de Neuilly m'avait chargé des enfants pour la première communion. Verger me parut plus pieux, peut-être plus intelligent que les autres. Il me manifesta le désir d'être ecclésiastique. Dans une visite à la supérieure de Neuilly, je lui parlai de Verger qui se faisait remarquer par sa piété et son zèle. Nous nous voyions le jeudi, il me témoignait une grande affection. Lorsque j'appris son expulsion du petit séminaire, ma première impulsion, je l'avoue, fut défavorable à ses supérieurs; je pensais que comme il ne payait pas, on était bien aise de se débarrasser de lui, d'autant qu'il avait un caractère un peu sournois.

Verger. Pieux et sournois?

Le témoin. Peut-être, mais tel qu'il était, je pensais que son caractère devait peu disposer en sa faveur; je savais surtout combien Mme la supérieure aimait elle-même les caractères francs et ouverts.

Verger (avec ironie). Comme le vôtre, n'est-ce pas?....

M. le président. Taisez-vous et tâchez d'écouter, vous ferez ensuite les observations que vous jugerez convenables.

Le témoin (continuant). Je devins ecclésiastique, et j'eus l'honneur d'être prêtre; c'est alors que, devenu prêtre lui-même, il me pria, comme un de ses anciens condisciples, d'assister à sa première messe; j'hésitai; puis, malgré certaines impressions qui avaient traversé mon âme...

Verger. Quelles impressions?

Le témoin (continuant). Je résolus de ne pas lui refuser cette demande; bien mieux, je crois me rappeler avoir fait part à M. Millaud, mon supérieur, de cet événement, et lui avoir demandé s'il ne jugerait pas bien d'assister lui-même à la première messe de son ancien élève; lui-même, surmontant certains souvenirs quelque peu pénibles, consentit à cette démarche. Nous lui ferons, me dit-il, amende honorable en allant à sa première messe.

Verger. Comment! amende honorable! vous l'entendez!

Le témoin. A la messe, il chanta avec beaucoup de piété. Je remarquai seulement une certaine contrainte, dont il me dit le secret; il avait été contrarié de ce qu'on ne lui avait pas perism de parler au public, ce que Verger a toujours aimé beaucoup.

Verger. Quel mal y a-t-il?

Le témoin. Il me confia donc sa petite contrariété; il me dit aussi combien, sous un autre rapport, sa situation était difficile. Je n'ai, me dit-il, que les quatre murs du presbytère. Cette révélation m'affligea; et, mû par l'intérêt que je lui portais, et obéissant en même temps à un sentiment de dignité pour le sacerdotal, j'entrepris de procurer à Louis Verger les premières ressources indispensables à l'honorable exercice de son état.

Je le pris par le bras, je le présentai dans des maisons honorables de Neuilly, et obtins qu'on lui donnât du linge, de l'argent, argent, il faut bien que je le dise, qu'il n'a jamais rendu, de même qu'il ne m'a jamais remercié depuis du service que je lui rendis alors.

Quelque temps plus tard, le père de Verger vint me trouver et me dit que son fils, après avoir pris près de lui sa sœur pour le servir, l'avait renvoyée, et que celle-ci se trouvant sans lit et sans linge, il me priait d'écrire à son fils pour régler ses petits détails. J'avais de la répugnance à renouer des rapports et à m'immiscer dans ces petites querelles intestines; je lui écrivis toutefois en commençant ma lettre par ces mots : « Monsieur le curé... » Il me répondit sur un ton familier et très-peu convenable.

Cependant je fus obligé, pour raison de santé, de quitter le saint ministère; je fis une éducation dans une famille en Belgique; là j'appris que Verger était attaché à l'église de Saint-Germain-l'Auxerrois, et que M. le curé de cette paroisse refusait de le conserver. Bientôt je revins à Paris comme vicaire de la même paroisse.

M. Legrand me pria de recevoir Verger dans mon logement, à ma table; je vivais alors en famille et j'avais une de mes parentes atteinte, hélas! d'une maladie cruelle, d'un cancer au sein; mais, enfin, je ne pus résister à la demande de mon supérieur ecclésiastique; je pensais d'ailleurs que je réussirais à calmer le caractère un peu bizarre, un peu exalté de Verger.

Quand je le voyais dans un de ces moments d'exaspération, je le prenais par le bras, j'allais me promener avec lui, et toujours à la suite de ces promenades je le quittais plus calme. J'étais presque fier au fond du cœur d'avoir réintégré le prêtre dans ses fonctions, de lui avoir rendu le calme et la dignité qui conviennent à son caractère. Sortant avec Verger, je le présentais à tous ces enfants qui me saluaient et m'aimaient, m'attachant à augmenter sa popularité dans la paroisse.

Cependant, la santé de ma parente s'altérait peu à peu...

Verger (avec une insolente ironie.) Dites donc votre mère !

Le Témoin. Il paraissait partager ma tendresse et mon chagrin, et lorsque je prononçai quelques paroles sur sa fosse entre ouverte, il m'exprima le regret de ne s'être pas associé à ma douleur, sentiment qui s'expliquait, puisque ma chère parente n'avait cessé d'être sa bienfaitrice et de lui prodiguer, même pendant sa maladie, des secours en argent qu'il n'a jamais rendus.

Aussi, fus-je bien affligé d'apprendre que Louis Verger, que je croyais avoir calmé et même guéri, répandait les lettres les plus absurdes et les plus sottes contre notre vénérable curé, qui lui avait pourtant un jour prêté 800 francs.

Verger. Prélevés sur les fonds des pauvres.

M. le Président. Ce n'est pas assez d'être violent, vous êtes encore odieusement ingrat.

M. l'abbé *Sibon*. Aussi je n'ai pas besoin de vous dire jusqu'à quel point je fus indigné lorsque je vis ces lettres: je m'étonnai d'une seule chose, c'est qu'avec cette manie singulière d'injurier et de calomnier ses bienfaiteurs, Louis Verger ne m'eût pas encore insulté.

Aussi lorsqu'il vint quelque temps après pour m'emprunter de l'argent, malgré moi je pâlis. Il me dit alors que je ne valais pas mieux que les autres prêtres et me demanda si j'avais peur de lui. Bien que ce sentiment pût aujourd'hui paraître assez vraisemblable, à la vue surtout de ce poignard ensanglanté, j'avoue que je ne ressentis pas ce sentiment, mais que j'appréhendai qu'il n'abusât de ses visites pour me compromettre, comme déjà il avait fait à l'égard de M. le supérieur général de Saint-Vincent-de-Paul. Je refusai alors de le recevoir. Pour se venger de ce refus et me faire violence, il m'écrivit que si je ne le recevais chez moi, il souillerait la tombe encore toute fraîche de la parente que je pleurais. (Mouvement d'indignation.)

Je vous perdrai, me disait-il; je n'en refusai pas moins de le recevoir. Plus tard, apprenant qu'il mourait de faim, je lui envoyai secrètement, et sous un nom autre que le mien, des secours, songeant par cet acte à vénérer les mânes de ma chère parente.

Verger (avec ironie). Les mânes! vous entendez, c'est du paganisme! paganisme! paganisme! paganisme! les mânes!... on ne dit pas les mânes!...

M. le Président (au témoin). Ainsi monsieur l'abbé Verger a été votre obligé, et malgré cela il menaçait de souiller la mémoire de votre parente?

M. l'abbé *Sibon*. Il m'écrivait même qu'il avait déjà préparé les écrits diffamatoires.

M. le Président. Accusé, qu'avez vous à dire sur la déposition du témoin?

Verger. J'ai à dire que la déposition du témoin ne m'est nullement défavorable; mais qu'elle l'est beaucoup pour monsieur... Ce qu'il y a de vrai dans ce qu'il vous a dit, c'est qu'en effet à Neuilly, pendant les vacances, nous nous trouvions réunis et que nous faisions ensemble des promenades, pendant lesquelles nous nous entretenions de la conduite indigne de M. le curé de Saint-Germain-l'Auxerrois... et de ce qu'il m'avait raconté sur les évêques d'Evreux et de Soissons.

M. *le Président*. Taisez-vous... Vous ne faites que diffamer...

Verger. Suis-je libre, messieurs les jurés?

M. *le Président*. Vous n'êtes pas libre de diffamer!

Verger. Je dois être libre de dire la vérité!

14e témoin. — M. *Legrand*, curé de St-Germain-l'Auxerrois. Sur la recommandation de la sœur Mélanie, ce témoin admit l'accusé dans sa paroisse. Verger fut appliqué aux divers ministères secondaires.

Verger. Aux Tuileries.

M. *le Président*. N'interrompez donc pas!

Le témoin. Je le recommandais, en effet, pour être attaché à la chapelle des Tuileries, et chargé de quelques cérémonies.

Verger. De toutes!

Le témoin. Il remplit ses fonctions pendant deux ans et sept mois. Je n'ai pas de plaintes à faire de sa conduite. Il était exact. J'avais seulement remarqué son caractère taciturne. Je crus avoir dominé ce caractère, heureusement je me trompais. Quelques circonstances qui se produisirent en 1855 nécessitèrent des reproches que l'accusé n'accepta pas avec convenance.

Verger. Il y a une lettre, messieurs les jurés... elle est écrite... vous la verrez... Je me mets à genoux devant lui presque en l'adorant.

Le témoin. Vous faites allusion à une autre faute dont je ne parlais pas, parce qu'une faute pardonnée est une faute oubliée. Il s'agit d'autre chose. Je fus obligé de réduire l'exercice de son ministère.

Verger. On voulut me faire enlever comme aliéné; on ne le dit pas.

M. *le Président.* Attendez donc! vous ne savez pas ce que le émoin va dire.

Le témoin. Au mois d'août, il quitta le presbytère, il fit enlever ses meubles. Le lendemain, des circulaires autographiées circulaient contre moi d... paroisse; je ne crus pas devoir y répondre.

Verger. On ne répond jamais à cela.

M. *le Président.* Nous ordonnons, en vertu de notre pouvoir discrétionnaire, que la lettre écrite par Verger le 6 août 1855 sera lue à messieurs les jurés.

Voici cette lettre :

« Monsieur le curé, en vous quittant, samedi, j'ai eu l'honneur de vous faire connaître....

Verger. Monsieur le président, que lisez-vous là? Nous parlons de circulaire et vous lisez une lettre de moi... Messieurs les jurés, vous êtes mes juges; vous répondez de moi devant la société, devant Dieu, devant mon père!... Monsieur le président, vous ne faites pas votre devoir.

M. *le président* (continuant la lecture de la lettre). « La réclamation que je m'étais permis de faire auprès de différentes personnes : je vous ai promis de reprendre mon erreur et de la réparer immédiatement; c'est ce que j'ai fait sur l'heure même et avec une ampleur d'expressions sincères comme il m'arrive quand par bonheur je crois avec assurance être dans la vérité.

« A vous-même, monsieur le curé, je vous dois une réparation absolue. Je vous l'offre dans toute la sincérité de mon cœur, et ne puis mieux faire, je crois, pour vous garantir désormais contre de pareils crimes, que de consigner ici l'engagement formel de ne jamais réclamer quoi que ce soit, eussiez-vous même l'intention (ce que je ne fais que supposer) de me nuire pour ce que je tiens tant à conserver.

« Je le sens, monsieur le curé, c'est toute mon existence dont je vous fais de nouveau l'arbitre ; mais, ce qui me rassure pour l'avenir, c'est la sincérité des dernières démarches que vous avez faites pour moi ; c'est le bien réel que vous me voulez ; c'est votre indulgence dans un moment où vous aviez bien le droit et de vous trouver blessé et de m'exclure de votre presbytère ; c'est enfin votre sagesse et votre clémence, qui, je n'en doute pas, se reprocheraient toujours de troubler l'avenir d'un prêtre quelconque, sans qu'il ait été lui-même, par sa conduite, l'artisan de sa perte... Ah ! monsieur le curé, je vous en prie, recevez de moi mille pardons ; aux pieds de Dieu tout se répare bien.

« Cette pièce, que je n'ai pas craint d'écrire, restera entre vos mains comme un monument de ma douleur, et comme une garantie de ma fidélité et de ma soumission parfaite.

» J'ai l'honneur d'être, avec le plus profond respect, monsieur le curé, l'un de vos prêtres.

« L'abbé VERGER. »

Verger. Je demande...

M. *le Président*. Asseyez-vous.

Verger. Messieurs les jurés, protestez pour moi.

M. *le Président*. Taisez-vous!

Verger (se rasseyant et murmurant). Ah! misérable! misérable!

M. *le Président*. Voici maintenant la circulaire dont il a été parlé.

Verger (s'agitant sur son banc). Ah! oui, écoutez...

M. le président donne lecture de la lettre ci-après:

« Monsieur,

« J'ai l'honneur de vous soumettre la lettre suivante, que je viens d'adresser à M. le curé de St-Germain-l'Auxerrois.

« Monsieur le curé,

« Depuis que je suis l'un des prêtres de votre paroisse, j'ai eu « souvent à me plaindre de vos procédés à mon égard; les pro- « positions outrageantes que vous m'avez faites dès les premiers « temps de mon arivée ont été la source de nos luttes sans nom- « bre. Maintenant que c'est une certitude pour moi que vous « voulez consommer mon déshonneur, je préfère m'isoler et « m'abstenir de toutes fonctions sacrées.

» J'avais la douleur d'être, Monsieur le curé, l'un de vos infor- « tunés prêtres.

« L'abbé VERGER. »

Verger (se tournant vers le témoin). Oui, j'ai eu souvent à me plaindre des propositions outrageantes que vous m'avez faites... (Mouvement d'indignation dans l'auditoire.)

M. *le Président*. Accusé, taisez-vous ou je vous fais mettre à la porte.

Verger. Je n'ai pas peur de mourir... J'affronterai la mort. Qu'on me conduise à la guillotine!

M. *le Président*. Encore une fois, taisez-vous!

Verger (au comble de l'exaltation). Allez voir la chambre où il m'avait mis... Elle y est dans son presbytère. Allez-y, vous la verrez.

M. *le Président* (se couvrant.) L'audience est suspendue. Gendarmes, emmenez l'accusé.

Verger (se débattant). Je lutterai contre vous tous.

Les gendarmes l'entraînent.

Verger, au moment de sortir, s'écrie : Peuple, défendez moi!

Une grande partie de l'auditoire se lève et répond : — Non non! CANAILLE! — ASSASSIN!

L'audience reste suspendue pendant un quart d'heure au milieu de la plus vive agitation.

Au bout de vingt minutes environ, l'audience est reprise.

L'audition des témoins continue.

13e Témoin. — M. l'abbé *Surat*, vicaire général, dépose : J'avais l'honneur d'accompagner Monseigneur le jour de l'attentat. La cérémonie touchait à sa fin. Je me tenais à la droite de l'archevêque, tenant le pan de sa chappe; afin qu'il pût lever les bras pour bénir le peuple. La procession avait déjà fait un tour de l'église. Après s'être arrêtée au tombeau de Sainte-Geneviève, elle était parvenue sous l'orgue. Lorsqu'elle entra dans la nef, j'étais un peu en arrière ; j'aperçus un homme qui se jeta sur l'archevêque, et j'entendis comme un coup de poing lancé dans la poitrine du prélat. Je me précipitai et repoussai vivement celui qui avait frappé ; je crus l'avoir renversé; il se releva agitant le bras et vociférant je ne sais quelles paroles. Je n'entendis que ces mots : « A bas ! » Une grande commotion se fit parmi les assistants. Je ne sais ce qui se passa pendant quelques moments. Revenu à moi, je retournai vers l'archevêque que je croyais seulement évanoui. J'avais cru voir quelque chose à la main de l'agresseur, sans pouvoir m'expliquer ce que c'était. L'archevêque fut emporté hors de l'église; c'est alors que j'eus la certitude qu'il avait été blessé mortellement.

M. *le Président*. Accusé, racontez ce qui s'est passé.

Verger, avec calme : J'arrivai vers deux heures et demie ou trois heures moins un quart à Saint-Etienne-du-Mont. L'office n'était pas commencé. Monseigneur entra et entonna les vêpres. J'étais placé près du banc d'œuvre. Mais ensuite cette pensée me vint que je serais probablement reconnu par quelques ecclésiastiques avec lequel j'aurais été en relations et qui viendraient s'asseoir dans le banc. Je ne craignais pas qu'on s'aperçût de mon dessein, car il était ignoré de tout le monde ; mais je ne voulais pas être reconnu. Alors j'allai me placer à l'extrémité de la nef. J'entendis le sermon de M. l'abbé Lacarrière, qui était hérétique sur la prière. La procession commença. Monseigneur se trouva en face de moi et reçut le coup fatal.

M. *le Président*. Depuis quand le dessein de tuer Mgr l'archevêque était-il arrêté dans votre esprit.

Verger, froidement : Depuis le 26 décembre, à l'issue de la conversation que j'avais eue avec M. Legentil. C'est alors que je conçus cette pensée, et elle est restée dans mon esprit.

M. *le Président*. N'avez-vous pas eu l'intention de frapper l'archevêque au banc d'œuvre.

Verger. Oui, j'ai expliqué pourquoi je n'ai point persisté dans cette idée.

M. *le Président*. Quel motif a pu vous inspirer ce crime horrible?

Verger. Depuis longtemps l'archevêque de Paris, l'évêque de Meaux et d'autres personnes avaient conçu le projet d'en finir avec moi par retrait de pouvoirs ; or le prêtre ne vit que de l'autel. On m'avait empêché de célébrer, quoique je ne fusse ni suspendu ni interdit. Depuis j'avais été poussé à l'extrémité. Le jour de Noël 1855, j'allai à Notre-Dame, espérant fléchir Monseigneur ; je me mis à genoux devant lui. Je lui écrivis la lettre la plus soumise; elle se terminait par ces mots : « Accordez-moi dix minutes d'audience. » L'archevêque refusa. Dès lors, je formai le projet d'imprimer mon ouvrage. Aucun éditeur ne voulut se compromettre en le publiant. Je ne les en blâme pas. Cet ouvrage fut imprimé; s'il ne fut pas publié, c'est que, dans le cours du travail (car j'étais là près des ouvriers, pendant qu'ils imprimaient...

M. *le Président*. Quel était le sujet de ce travail ?

Verger. C'était une divulgation de la conduite secrète du clergé.

M. *le Président*, C'était là votre moyen d'existence?

Verger. Je n'appartenais à aucun évêque; personne ne voulait de moi, tous se renvoyaient la balle. Les lettres y sont; si on me le permettait, je vous les lirais, Messieurs, il faut tout lire, tout ou rien. C'est une affaire de quinze jours, un mois; j'ai bien passé quinze ans à les faire. (Hilarité dans l'auditoire). Vous riez; pourtant votre salut social et éternel y est intéressé.

M. *le Président*, remettant à l'huissier une lettre : Huissier, montrez cette lettre à l'accusé.

Verger (examinant la lettre). Il y a un faux là-dessus; une signature qui n'y était pas. Oh! j'y vois assez pour voir qu'il y a un faux. Il y a un faux, il y a un faux!

M. *le Procureur-général*. Cette signature est celle du greffier qui a paraphé.

M. le président donne lecture de cette lettre, remplie d'expressions de soumissions adressées à Mgr l'archevêque de Paris.

Verger. Ceci prouve une soumission aveugle. Oh! misérable!

M. *l'abbé Surat*. Puis-je me retirer?

Verger. Non, je m'y oppose. Entendez tout, monsieur, pour votre humiliation et votre salut.

16e témoin. — M. *l'abbé Cuttoli*, secrétaire particulier de l'archevêque, dépose: J'accompagnais Monseigneur au moment où il entrait dans la nef. J'entendis tout à coup des vociférations sans les comprendre. Je vis comme un fantôme passer devant l'archevêque et se jeter sur sa personne, puis s'en écarter en brandissant quelque chose d'assez long. Je ne vis dans l'air qu'un zig-zag. Je crus entendre le mot *déesse*, pas très-exactement, mais c'était bien la consonnance. J'ignorais que Monseigneur avait été frappé; il chancelait, je le soutins sur mon bras gauche, et je lui dis: Courage! Puis je dis: Vite un médecin! Une personne me dit: Je le suis, tranquillisez-vous. Ce n'est qu'à la sacristie que je sus que Monseigneur avait été blessé.

Verger. Cette déclaration prouve que le témoin n'avait pas la tête à lui, puisqu'il dit qu'il a vu comme un fantôme.

M. *le Procureur-général* donne lecture d'un certificat de médecin attestant que la femme Mérard, citée comme témoin, est dans l'impossibilité de paraître à cause de son état de souffrance.

La dame Mérard est la personne qui a été blessée en cherchant à s'emparer de l'arme du meurtrier au moment où il allait frapper l'archevêque.

M. le Président, sur les réquisitions de M. le Procureur-général, et attendu que la présence de la dame Mérard n'est pas indispensable, ordonne qu'il sera passé outre aux débats.

17e témoin. — M. *Dufour*, vicaire à Saint-Etienne-du-Mont, est introduit. J'assistais à la cérémonie, j'étais très-près de Monseigneur, lorsque, tout à coup j'entendis ces mots : « Monseigneur est tué ! » Je vis un bras levé et brandissant un couteau, c'était un couteau catalan. Monseigneur fut transporté sous l'orgue; je lui pris la main, et comme il était très-impressionnable, je lui dis : « Monseigneur, rassurez-vous. » Son regard était plein de tristesse, et je suivis ce regard dirigé vers la nef. « Mon Dieu, mon Dieu! dit-il, quel malheur! » ou bien : « Le malheureux! » J'allai dans la nef ramasser les pantoufles de Monseigneur qui étaient tombées pendant qu'on le transportait. On me remit alors un chapeau de soie entouré d'un crêpe en me disant : « C'est celui de l'assassin; c'est un diacre interdit. » Je compris, le lendemain, les paroles de l'archevêque; il avait dû, en dirigeant son regard vers la nef, reconnaître que le meurtrier était tonsuré. Cependant je rejoignis Monseigneur; il changea plusieurs fois de couleur, fit deux ou trois petits mouvements, glissa en arrière, sa chape le retint, puis il s'affaissa sur ses genoux et nous échappa.

Verger. Cette déclaration est insuffisante pour ajouter quelque chose à mon inculpation.

M. *Lasseigne*, docteur-médecin. J'ai vu l'accusé une seule fois. M. Verger avait été un jour à la Madeleine, portant sur sa poitrine une petite pancarte sur laquelle étaient écrits en latin ces mots de l'Évangile : « J'ai froid, et ils ne m'ont pas vêtu; j'ai faim, et ils ne m'ont pas donné à manger. » A la suite, et en français, était écrite cette phrase : « Je ne suis ni suspendu ni interdit, et pourtant on me laisse mourir de faim. » L'abbé Verger fut mené chez M. Mettetal, et je fus appelé à assister à l'entretien qu'il devait avoir avec ce magistrat, afin de donner mon opinion sur la question de savoir si Verger était fou ou ne l'était pas. La conférence fut longue, elle dura deux heures, et très-approfondie. Mon impression fut que l'accusé n'était pas aliéné, mais que c'était un homme singulièrement dangereux. Je me disais : S'il est aliéné, la folie ne peut être qu'épileptique; mais rien dans les renseignements qu'il me donna n'établissait l'épilepsie. Je m'efforçai d'ouvrir à son esprit des directions dans lesquelles il pût me suivre. Il me raconta qu'il avait été élevé au Petit-Séminaire de Paris, mais que, ne voulant pas recevoir l'éducation gratuitement, il était entré dans celui de Meaux, où le prix de la pension était peu élevé. Ensuite il avait été attaché à St-Germain-l'Auxerrois. Verger fit alors certaines allusions. La médecine ne connaît pas les ménagements d'expressions. Je lui parlai en termes très-clairs et très-crus. Il me déclara qu'on lui avait dit de ces choses qu'un homme comprend, mais qu'on ne s'était pas porté à des actes compromettants. Il ajouta que le jeune clergé avait été assez longtemps opprimé; qu'il était temps qu'il eût sa revanche. Il me dit aussi qu'il ne s'était pas fait prêtre pour souffrir et pâtir. J'insistai longtemps. Je voulais savoir s'il se prétendait en butte à des persécutions : cette sorte de délire m'avait paru possible.

Verger. Le délire, c'est de la folie. Le témoin dit que je ne suis as fou, et il parle de délire. Il se contredit, ce monsieur. Seul ai prémédité, conçu, exécuté.

Le témoin. En somme, l'accusé n'entra dans aucune considéraon qui annonçait le délire; il témoigna seulement de la colère, e leva et frappa sur la table. Mon opinion fut donc qu'il devait lutôt être soumis à la surveillance de la police, que placé dans ne maison d'aliénés.

M. *le Président*. Verger, nous sommes disposés à pardonner tous s écarts de votre défense. Vous m'avez donné tout à l'heure un émenti. J'ai parlé d'une lettre écrite par Mgr de Paris à Mgr l'éêque de Meaux; voici cette lettre, j'en donne lecture en vertu e mon pouvoir discrétionnaire.

Verger. Lisez, Monsieur le Président! lisez, mais vous n'aurez as raison.

10 février 1856.

« Monsieur,

« D'après le désir que vous m'avez fait exprimer par M. Bauain, je me suis empressé de rappeler ici M. l'abbé Verger.

« Il m'est arrivé ce matin et m'a fait un aveu bien grave au ujet duquel j'aurai besoin des conseils de votre grandeur. Ne ouvant aller à Paris demain, j'y envoie M. Josse, mon grand icaire, que je vous prie d'accueillir avec la bienveillance à aquelle vous m'avez accoutumé.

« Veuillez agréer, Monsieur, l'hommage de mes sentiments les lus respectueux et les plus dévoués,

« † AUGUSTE, évêque de Meaux.»

AUDITION DES TÉMOINS A DECHARGE.

Le premier de ces témoins est la fille *Blanchard* (Herminie), âgée de 32 ans, couturière.

M. le Président. Verger, sur quel fait désirez-vous que le témoin dépose?

Verger. Je désire que Mlle Blanchard soit entendue au sujet d'une phrase prononcée en chaire par M. le curé de Saint-Germain-l'Auxerrois lorsque j'eus quitté le presbytère. Cette phrase aurait été à peu près celle ci: « Mes chers frères, je suis désolé « de vous entretenir de la perte d'un de nos ecclésiastiques; non « pas qu'il soit mort, mais il est atteint de folie. Mes bien chers « frères, priez pour lui! » Voilà ce que m'a rapporté mademoiselle.

Le Témoin. J'ai dit à l'accusé que M. le Curé de Saint-Germain-l'Auxerrois l'avait recommandé aux prières des fidèles, mais je ne me souviens pas qu'il ait dit pour quel motif.

Verger. C'était pour folie!

Le Témoin. Je ne me le rappelle pas.

Verger. C'est vous qui me l'avez dit?

Le deuxième témoin est M. l'abbé *Guettée*, âgé de 40 ans.

Verger. Je désire que ce témoin soit entendu sur une conversation particulière qu'il eut en 1856 auprès de Mgr l'archevêque de Paris, et dans laquelle le témoin m'a défendu, parce que Monseigneur m'avait traité de mauvais prêtre.

Le Témoin. Je me rappelle en effet que Monseigneur m'avait dit qu'un mauvais prêtre avait fait imprimer une brochure en Belgique. Je lui répondis que j'en avais entendu parler, et j'ajoutai : Monseigneur, je crois que vous avez tort de l'appeler mauvais prêtre; j'ai vu cet ecclésiastique deux fois, et il m'a paru fort bien.

M. le procureur général *Vaïsse*, au témoin. Comment! monsieur l'abbé, vous trouvez qu'un prêtre qui fait imprimer une brochure diffamatoire en Belgique, n'est pas un mauvais prêtre?

Le Témoin. Je ne connaissais pas cette brochure ; si j'avais su qu'elle fût outrageante, je ne l'aurais pas défendu.

M. le Président. Mais Monseigneur vous disait que c'était contre lui que cette brochure était rédigée?

Le Témoin. A cette époque, je dois le dire, j'avais des difficultés avec l'archevêque, et j'étais assez impressionné alors pour avoir dit ce qui a été révélé.

Verger. Oui, monsieur avait de grandes difficultés. Je les connais, moi.

M. le Président, au témoin. — Enfin, c'était là votre appréciation?

Verger. Chacun a ses appréciations.

L'audition des témoins à décharge étant terminée, M. le Président donne la parole à M. le Procureur général.

M. le procureur général Vaïsse se lève et au milieu d'un profond silence s'exprime ainsi :

Messieurs les jurés, nous n'avons pas de réquisitoire à prononcer. Le magistrat lui-même n'est pas maître de ses émotions...

Verger. Vous tremblez, monsieur l'avocat-général!...

M. le Procureur-général. Nous éprouvons un invincible dégoût à nous trouver devant un pareil adversaire...

Verger (avec violence). Adversaire... oui adversaire.

M. le Président. Voulez-vous bien vous taire! et laisser parler M. le Procureur-général.

Verger. Non, je ne veux pas qu'il parle; je veux qu'on lise mes papiers... je veux qu'on recommence...

M. le Président. Quoi?

Verger. Tout ce qu'on a fait ici.

M. *le Procureur-général*. Il faut pourtant que les formalités judiciaires s'accomplissent et en présence des clameurs.

Verger. Je m'y oppose... je lui retire la parole...

M. *le Procureur-général*. De l'accusé...

Verger. Non, non... plutôt la guillotine.

M. *le Procureur-général*. Non, requérons l'application des art. 9 et 10 de la loi du 9 septembre 1835.

Verger. Je me moque. — Je me moque de tout, excepté de Jésus-Christ (Rumeurs).

M. le Président. La Cour va se retirer et va délibérer.

Verger. Oui, retirez-vous, allez-vous en.

Au bout de cinq minutes, la Cour rentre et rend un arrêt ainsi conçu :

« La Cour,

« Statuant sur le réquisitoire de M. le procureur général;

« Après avoir entendu les observations de la défense;

« Considérant que l'accusé Verger a déclaré s'opposer aux réquisitions de M. le procureur général.

« Que par ses clameurs et par les outrages incessants qu'il a adressés aux magistrats, il met obstacle au libre cours de la justice;

« Vu les articles 9, 10 et 12 de la loi du 25 septembre 1835, qui sont ainsi conçus : »

« Art. 9. Si les prévenus n'obtempèrent point à la sommation, le président pourra ordonner qu'ils soient amenés par la force devant la Cour ; il pourra également, après lecture, faite à l'audience, du procès-verbal, constatant leur résistance, ordonner que, nonobstant leur absence, il sera passé outre aux débats.

« Après chaque audience, il sera, par le greffier, donné lecture, aux prévenus qui n'auront point comparu, du procès-verbal des débats, et il leur sera signifié copie des réquisitions du ministère public, ainsi que les arrêts rendus par la Cour, qui seront tous réputés contradictoires.

« Art. 10. La Cour pourra faire retirer de l'audience et reconduire en prison tout prévenu qui, par des clameurs ou par tout autre moyen propre à causer du tumulte, mettrait obstacle au libre cours de la justice, et, dans ce cas, il sera procédé aux débats et au jugement, comme il est dit aux deux articles précédents. . . . .

« Art. 12. Les dispositions des articles 8, 9, 10 et 11 s'appliquent au jugement de tous les crimes et délits devant toutes les juridictions. »

Ordonne que ledit Verger sera reconduit dans sa prison et qu'il sera passé outre aux débats hors sa présence.

Verger (avec animation). C'est vous qui avez mis obstacle..... Vous avez commencé et moi je finis...

Les gendarmes l'emmènent et le silence se rétablit peu à peu.

M. *le Procureur-général*. Nous vous le disions, messieurs les jurés, que nous n'avons pas de réquisitoire à prononcer.

« Ce que chacun éprouve ici, ce n'est pas le désir de nous entendre, mais le désir de voir finir cette scène de scandale et de deuil.

« Si je supprime le discours dans lequel j'aurais rendu hommage aux éminentes vertus de l'auguste victime tombée sous les coups de l'assassin, cette suppression aura au moins l'avantage d'abréger cet appareil où les grands criminels comme Verger viennent chercher un dernier triomphe.

« Qu'avons-nous, d'ailleurs, à vous prouver ? Que l'accusé n'est pas fou? Mais il a pris soin de vous le prouver lui-même. C'est une nature perverse, féroce, ambitieuse, vomie par l'enfer, destinée à mener sur terre une de ces existences qui ne peut se terminer que par le crime.

« Ce crime, il l'a commis! L'a-t-il accompli avec une volonté complète, avec une intention préméditée? Il l'a dit, il l'a prouvé.

« Or, c'est là tout le procès! c'est là toute votre tâche.

« Vous avez à vous demander si cet homme est fou; s'il a agi avec volonté? C'est lui qui a exécuté le crime. Il l'a exécuté avec préméditation.

« Si vos réponses sont affirmatives, ce dont je ne saurais douter, à quoi bon retenir plus longtemps votre attention sur ces tristes débats?

« Ce crime, Messieurs, n'est pas un crime privé; ce n'est pas Mgr Sibour, ce n'est pas l'homme privé que Verger a frappé, c'est la religion, la religion dans sa hiérarchie qui donne les honneurs et les places, parce que sa vaine ambition n'avait pas été satisfaite.

« Voilà ce qu'a voulu frapper l'homme qui a eu toutes les ambitions sans en justifier aucune. Je le répète, ce n'est pas un crime privé qu'il a commis, c'est un crime social, et l'expiation que nous vous demandons, quelque terrible qu'elle soit, ne sera pas à la hauteur du crime.

« Et lorsque ce regard plein d'orgueil interrogera la multitude, son regard ne rencontrera pas un regard sympathique; et il s'écriait, comme il l'a fait tout à l'heure : « Peuple, défends-moi! » on lui crierait, comme on lui a déjà crié : « Assassin! assassin!

M. *le président*. La parole est au défenseur de l'accusé.

Me *Nogent-Saint-Laurens* s'exprime ainsi :

Messieurs, je ne puis imiter la concision de M. le procureur-général; mais, rassurez-vous, je saurai être bref en accomplissant la mission sacrée que la Cour a bien voulu me confier. C'est d'elle et de la loi que je tiens cette mission, que j'ai dû accepter, et que je viens remplir devant vous.

L'article 294 du Code d'instruction criminelle est ainsi conçu : « L'accusé sera interpellé de déclarer le choix qu'il aura fait d'un conseil pour l'aider dans sa défense, sinon le juge lui en désignera un de suite à peine de nullité de tout ce qui suivra. »

Ainsi, c'est à peine de nullité.... Dans notre pays de civilisation, de philosophie et d'humanité, le principe de la défense est absolu, inévitable. La désignation par le juge est impérative pour le défenseur.

Le barreau n'a jamais failli à ce devoir impérieux et pénible. Si je n'avais des comparaisons à redouter, je vous citerais de grands noms dans notre ordre qui, tour à tour, ont dû venir donner l'assistance là où la conscience publique semblait tracer le vide et l'abandon.

La loi a été suivie comme toujours. Soldat de la défense, j'ai été choisi pour ce poste du péril judiciaire. J'y viens, j'y reste le cœur gonflé d'amertume et de tristesse.

J'aperçois devant moi les chefs éminents de la magistrature, ceux que la supériorité de leurs talents et l'énergie de leurs services ont placés à la tête de la Cour et du parquet. Ils viennent sans doute attester, par leur présence, la grandeur et la solennité du deuil qui couvre Paris.

Ce deuil immense, cette douleur publique, la défense ne les troublera pas. Elle viendra d'abord s'unir à l'accusation et s'agenouiller avec elle sur la tombe d'un martyr. Ah ! pourquoi faut-il que notre pays soit ainsi troublé?... D'où vient cela?... Que faut-il en penser?...

Il est des esprits inquiets qui, dans leurs préoccupations, rattachent un fait pareil à des causes générales. On a perdu le sentiment du respect, de la soumission. L'orgueil règne et trouble notre temps... C'est une erreur!...

Sous l'influence auguste qui nous gouverne, l'ordre et la tranquillité sont rétablis. Chacun a le droit de bien faire, et les bonnes aspirations se développent en liberté. Inflexible pour le mal, notre gouvernement est protecteur pour le bien. La bonne foi le reconnaît, le proclame, et partout s'élève le respect qui est la conséquence d'une autorité salutaire.

Pourquoi faut-il qu'un forfait trouble ainsi la sécurité publique?... Pourquoi, dans ces cérémonies, l'éclair orageux d'un crime inouï?... Nul ne pourra le dire avec précision ; nul n'a le secret de ces effrayants contrastes. Ce sont là des mouvements individuels qui n'engagent en rien l'esprit d'un temps et l'honneur d'une société.

Ainsi donc, c'est trop vrai : le crime épouvantable est commis; Monseigneur de Paris est mort...

C'est à l'église de Saint-Etienne-du-Mont... Le vénérable prélat conduisait la procession; il marchait vers l'autel... on le frappe... il est tombé...

Mais rien n'est interrompu dans sa pure destinée... Si son corps est tombé sur la terre, son âme est envolée vers le ciel où l'attendent les félicités suprêmes.

Donc, sur le fait, pas de discussion. Alors, que sera la défense?...

Il en est qui s'écrieront : « La défense!... Vous êtes la défense?... Pourquoi êtes-vous là?... Qu'y venez-vous faire?... C'est une profanation... » A ceux-là je répondrai : « Je suis ici malgré moi, je suis ici pour la loi qui est au-dessus de toutes les émotions, de toutes les indignations... je témoigne par ma présence du respect que l'on porte à la loi... »

Il en est d'autres qui me diraient volontiers : « Vous êtes la défense, ne vous inquiétez pas des clameurs qui vous environnent. Portez-vous en avant, soyez résolu, soyez énergique, pas d'hésitations, pas de tremblements. »

A ceux-là je répondrais : « Vous avez une impatience et une ardeur dangereuses. La défense est un principe absolu qui doit apparaître partout, mais la défense a des bornes, des limites que la conscience et l'honneur placent devant elle...

« Mélangée à cette grande chose que l'on appelle la justice, la défense doit en garder le niveau et la dignité. Elle ne peut prendre sa course comme un cheval emporté; elle doit garder le frein de l'honneur, de la vertu, de la modératien, de la conscience ! »

Ces idées sont vraies, je les observerai sans souci, sans inquiétude, sans scrupule; je resterai dans la réserve, dans la modération, et c'est dans ces sentiments de réserve et de modération que la défense peut espérer quelque force et quelque utilité.

Je l'avouerai sans détour, quand j'ai dû songer à cette affaire, quand j'ai voulu combiner quelques idées, je ne trouvais que le vide et le néant. Découragé, triste, malheureux, ne trouvant rien en moi, je me pris à écouter les autres, et souvent j'ai entendu les autres qui disaient : « Il est fou !... C'est un acte insensé !... »

Il est fou !... Serait-ce vrai ?...

Voyons :

L'opposition contre cette hypothèse, cet examen de la folie, m'apparaît comme un contre-sens déplorable.

En effet... Je le dis avec tous les gens de cœur et d'honneur.

Devant ce forfait, il serait consolant de trouver un fou au lieu d'un homme raisonnable.

Il serait consolant de dire qu'aucune volonté humaine, libre et éclairée, n'a pu concevoir un acte pareil, et que cet acte est né d'un vertige et d'un délire.

Si c'était la vérité, vous la diriez, et vous apporteriez un grand soulagement dans l'opinion publique, car tous, tant que nous sommes, nous éprouvons une honte douloureuse à songer qu'un semblable criminel est un homme qui pense, combine et agit comme nous pouvons le faire. Nous nous prenons à mépriser, à exécrer la raison si elle peut produire de semblables résultats.

L'article 64 du Code pénal est ainsi conçu : « Il n'y a ni crime ni délit quand le prévenu était en état de démence au moment de l'action. » Eh bien ! qu'est-ce que la démence ? Dans tout crime il y a l'élément intellectuel et l'élément matériel. Il faut, pour le premier, une volonté libre et réfléchie. Si cet élément manque, il ne reste plus que l'homme matériel, la brute ! Si cet homme est dangereux, qu'on l'enferme ! Ce qu'il lui faut, c'est un cabanon, et non pas le glaive de la loi !

Avons-nous au procès des preuves de la démence de l'accusé. Je ne crains pas de le dire, elles abondent : on les trouve dans les faits, dans les écrits de l'accusé, dans les témoignages extérieurs recueillis sur lui.

Dans les faits ! Ces preuves résultent de la manière dont il a accompli son forfait, en plein jour, dans une église pleine de fidèles ! Dans cet assassinat, commis pour se venger d'une interdiction sur son prélat, qui ne l'avait pas prononcé ! Et puis, le cri qu'il pousse n'a aucun rapport avec cette interdiction ; il se rapporte au dogme de l'Immaculée Conception, à ce dogme qui respire une douce et sainte mysticité, qui constitue une de ces croyances que les âmes gardent comme un parfum précieux.

Dans les écrits de l'accusé ! Vous avez entendu son testament. Dans cette lettre à M. Parent-Duchatelet ! Méditez-là, et voyez; et vous trouverez une proportion à établir entre la cause du crime et ses effets. Si vous ne pouvez établir cette règle de proportion morale, comment ne concluriez-vous pas à la folie?

Ainsi, ni précautions préliminaires, ni mobiles, ni intérêt au crime. Partout vous ne trouvez que les combinaisons d'un fou, les aspirations et les actes d'un aliéné.

Mais, dit-on, il a raisonné son crime! sans doute, il a les apparences d'un esprit lucide. Sa folie n'est pas continue, je l'accorde; mais, là dessus, écoutez ce que dit M. Calmeil, l'un des hommes les plus compétents sur ce sujet :

« L'homme peut, sans cesser de jouir de la faculté de coordonner ses idées, de juger sainement des qualités, des rapports d'un certain nombre d'objets extérieurs, obéir sciemment, à son insu, à un vice partiel du jugement, à une aberration de la sensibilité physique, à une lésion des qualités affectives des sentiments instinctifs, et manifester une série d'idées extravagantes, des sensations, des antipathies étranges, se porter à des actes qui ne supposent plus l'empire de la raison. »

Eh bien! de toutes les folies, la plus dangereuse peut-être est celle qui est causée par les idées religieuses. M. Pinel cite l'exemple d'un ancien moine, dont la raison avait été égarée par la dévotion. Une nuit, il crut voir la Vierge entourée d'un chœur d'esprits bienheureux qui lui donnaient l'ordre de mettre à mort un homme qu'il traitait d'incrédule, et il accomplit l'ordre reçu dans son rêve!

Voyons enfin les témoignages extérieurs! Qu'il me soit permis ici de donner quelques détails bien courts, du reste, sur la personne de l'accusé. Vous savez combien la folie est héréditaire. Eh bien! sa mère, atteinte d'un accès d'aliénation mentale, s'est précipitée dans un puits : il avait des frères et des sœurs; l'un d'eux, jeune encore, a trouvé la mort en se jetant dans la Seine. Voilà ce qu'on trouve dans sa famille.

Plus tard, que se passe-t-il? Il est amené devant M. le procureur impérial de Melun. Cet honorable magistrat refuse de le poursuivre, en disant : « C'est un fou! » Ses supérieurs ecclésiastiques eux-mêmes partagent cette opinion. Je n'en veux d'autre preuve que cette lettre écrite par Mgr de Meaux, le 12 décembre 1856, c'est-à-dire quinze jours environ avant le crime :

« Monsieur,

« Après avoir lu le dossier qui m'a été adressé par M. le procureur impérial de Melun, et notamment votre testament, il m'est impossible de vous laisser exercer plus longtemps les fonctions ecclésiastiques dans mon diocèse, et tous vos pouvoirs cessent à compter d'aujourd'hui.

« Nous croyons que vous avez besoin d'être soigné dans une maison de santé, et si vous y consentez, je vais m'entendre pour cela avec M. le préfet. Venez aussi me voir et me donner quelques explications sur les faits étranges qui se sont passés depuis un mois. Vous devez me connaître assez pour comprendre toute la peine que vous me causez. Après vous avoir retiré d'un abîme, je ne devais pas m'attendre à cette nouvelle tribulation.

« Signé : AUGUSTE, évêque de Meaux.

« *P. S.* Je vous fais remplacer tant à Serris qu'à Bailly, vous ne pouvez plus, jusqu'à nouvel ordre, célébrer la sainte messe dans le diocèse. »

Parmi les papiers saisis chez lui, et que vous connaissez en partie, il est une lettre qui a une haute signification. Elle est adressée à M. Emile de Girardin, qu'il ne connaissait pas, qu'il n'avait jamais vu, et à qui il écrivait ce qui suit :

« Paris, 6 février 1856.

« Monsieur Girardin,

« En vérité, monsieur, vous êtes le plus insolent personnage que j'aie jamais rencontré.

« Personne, peut-être, ne vous en a jamais dit autant.

« Recevez, monsieur, cette leçon d'un jeune prêtre qui apprend tous les jours à vivre davantage à l'école de l'infortune.

« Restons ce que nous sommes.

« Ne posons jamais !

« Car c'est au moment où nous voulons nous faire valoir que nous devenons méprisables.

« Votre tout dévoué .

« Signé : l'abbé VERGER. »

Il a été plus loin encore. Les tables tournantes, il en attribue l'invention au clergé ! Ecoutez là-dessus ce qu'il dit dans un écrit trouvé chez lui, et daté du jour même où il accomplissait son crime :

« J'ai oublié de parler des loteries et des tables tournantes.

« L'une et l'autre sont de l'invention du clergé ou, du moins, il en profite largement.

« Ce qu'il y a de plus triste, c'est que le gouvernement permet que ses fonctionnaires s'immiscent à ces tripotages, à des remises sans fin, quand la collecte n'a pas satisfait les espérances.

« Est-ce digne ? Qui paye et qui attend ?... Le pauvre..., etc...

« Anathème ! »

Enfin, si on examine les dépositions reçues dans l'instruction et des témoignages reçus aux débats, on y trouve des raisons graves de conclure à la folie.

Tout est dit, messieurs les jurés.

J'ai essayé de faire mon devoir. Vous allez faire le vôtre...

Sous les douleurs qui vous oppressent, sous l'indignation qui vous excite peut-être, vous allez saisir le sentiment calme et froid de la justice.

Si vous alliez pencher vers la folie, si quelque voix intérieure, douce et pénétrante vous disait qu'il n'y a là ni intelligence ni volonté... Ah ! n'y résistez pas... Cette voix, c'est la victime, c'est le martyr, c'est Mgr de Paris, c'est lui qui est au ciel, c'est lui qui vous exhorte, qui vous conseille, qui laisse tomber dans vos âmes la miséricordieuse émanation de la vérité!...

Mon esprit se rattache à cette idée, qui est mon espoir et ma consolation... Mgr de Paris n'a pu être frappé que par un aliéné...

Non, tant de douceur, tant de charité, tant de vertu, toutes ces qualités de l'âme, du cœur, de l'intelligence, qui distinguaient Monseigneur, non, tout cela n'a pas été méconnu par un être raisonnable...

La raison humaine n'est pas souillée par cette exécrable action. L'aliénation seule en portera la responsabilité dans les siècles à venir!

Après cette plaidoirie, M. le premier président Delangle résume ainsi qu'il suit:

Lorsque le bruit se répandit dans Paris, le 3 janvier, que Mgr l'archevêque venait de tomber sous les coups d'un assassin, il fut accueilli par des marques d'incrédulité. Cette incrédulité redoubla quand on raconta que ce forfait sans exemple avait été commis par un prêtre!

Il ne pouvait, en effet, venir dans la pensée de personne qu'un prélat si bon, si vertueux, doué des qualités les plus éminentes, si doux pour son clergé, pouvait avoir été victime d'un tel crime.

On arrêta l'assassin : c'était bien un prêtre, un prêtre dont la majesté du temple saint, dont les vertus de la victime n'avaient pas arrêté le bras. L'assassin, mis en présence du cadavre encore chaud de sa victime, déclare avec sang-froid qu'il l'a frappé parce qu'il avait été interdit, et que, ne pouvant vivre de son état de prêtre, il s'était cru en droit de disposer de la vie des autres.

La seule préoccupation de l'assassin à ce moment était qu'on pût douter de sa raison, et il donne sur son crime des détails d'une effrayante précision. A la suite d'une instruction minutieuse, Verger a été renvoyé devant vous.

Vous l'avez vu, messieurs les jurés, vous l'avez entendu. Vous avez pu apprécier ce qu'est cette nature et quelle est la grandeur du crime dont la réparation vous est demandée par la société.

M. le procureur général a pensé qu'après les impressions que vous avez reçues à cette audience, il n'avait rien à faire qu'à conclure. Que vous aurait-il dit, en effet? que c'était un assassinat acompli par vengeance? l'accusé s'en est vanté; que cet homme était poussé au crime par son inconcevable orgueil? L'accusé vous a appris ce qu'il y a de vrai dans cette accusation! Il ne vous reste donc qu'à donner satisfaction à la société et à la loi en frappant l'accusé d'un verdict sans miséricorde.

L'avocat, Messieurs (et qu'il me soit d'abord permis de rendre hommage à son dévouement et à son talent), l'avocat s'est en tout montré digne de cette profession qui assure des défenseurs à tous les accusés, à toutes les causes, même à celles qui révolle plus le cœur et la conscience ! Il s'est demandé s'il était possible qu'un homme sain d'esprit ait pu commettre un tel crime. Il a rappelé les faits dont l'église Saint-Etienne-du-Mont a été le théâtre, et notamment le cri qu'il aurait poussé en frappant Monseigneur.

L'avocat a rappelé les écrits émanés de l'accusé, l'acte par lui accompli à la Madeleine, la lettre de Monseigneur de Meaux, les jugements portés sur Verger par d'autres personnes, et il a conclu de ces faits et de ces écrits que cet homme ne jouit pas d'une raison complète, d'une raison qui le rende responsable de ses actes.

Messieurs, ajoute M. le premier président, il serait à désirer que ces paroles du défenseur pussent trouver créance dans vos esprits. Oui, cela serait bon pour la morale publique, qui serait soulagée en attribuant ce crime odieux à la folie!

Mais vous vous demanderez, après avoir entendu les témoins, après avoir recueilli les détails si savants, si précis qui vous ont été fournis par le médecin que vous avez entendu, si cette défense, la seule possible dans cette affaire, est conciliable avec les faits que vous connaissez. Vous vous demanderez si, au contraire, vous n'avez pas à juger la nature la plus détestablement perverse. Vous vous rappellerez les débats; vous suivrez la carrière de l'accusé, et vous le trouverez toujours le même.

Ainsi, à Saint-Germain-l'Auxerrois, vous le verrez, malgré les bontés du digne curé de cette paroisse, s'attaquer à l'honneur de cet ecclésiastique, à son honneur, cette autre vie de l'homme dans les sociétés civilisées. Et, quand il a échoué dans ces odieuses attaques, vous le verrez recourir au couteau et immoler un illustre prélat pour une interdiction que celui-ci n'avait pas prononcée.

Vous vous rappellerez ces débats, l'attitude de l'accusé, ses injures à la justice, aux jurés dont il avait besoin, et vous vous demanderez si tout est dit quand on a prononcé le mot de folie !

Voyez-le à l'église, près du banc d'œuvre d'abord, et suivez bien les précautions qu'il prend pour n'être pas reconnu et dérangé dans l'exécution de son crime; il suit l'archevêque, et la mort le suit avec lui! Il saisit le moment où le vertueux prélat lève le bras pour bénir des femmes et des enfants agenouillés sur son passage, pour s'élancer sur lui et le frapper.

Vous n'oublierez pas que la préoccupation de l'accusé a été de se dresser un piédestal, de se poser en vengeur des querelles d'autrui, en réformateur des dogmes religieux et de la discipline du clergé : voilà les points sur lesquels se portera votre attention, et vous vous souviendrez que cet homme a été poussé au crime par un orgueil indomptable qui l'a perdu, qui est né de l'absence de tout respect pour ses supérieurs, qui est le mal de notre époque, et qui conduit fatalement au crime les ambitions des esprits inquiets et toujours en rivalité contre l'ordre établi et contre les lois.

Si vous trouvez dans le procès les preuves de la folie, comme il n'y a pas de crime sans intention, vous devez acquitter Verger.

Si, au contraire, il résulte de ce que vous avez entendu, des paroles de l'accusé, de ses écarts, de ses violences, qu'il a réfléchi, qu'il a voulu le crime qu'il a commis, qu'il a voulu frapper la tête du clergé de Paris, oh! alors, vous aurez un devoir terrible à remplir! Remplissez-le, messieurs les jurés, et que la répression soit par vous élevée à la hauteur du crime que l'accusé a commis.

Après ce résumé M. le président donne lecture des questions sur lesquelles doit porter la délibération de MM. les jurés, qui se retirent à quatre heures un quart pour délibérer.

Vingt minutes après, un coup de sonnette annonce que leur délibération est terminée.

La Cour rentre à l'audience.

M. *le Président :* M. le chef du jury, veuillez faire connaître à la Cour le résultat de votre délibération.

Le chef du jury, au milieu d'un profond silence : Sur mon honneur et sur ma conscience, devant Dieu et devant les hommes, la décision du jury est :

Sur la première question (homicide volontaire), oui, à la majorité;

Sur la deuxième question (préméditation), oui, à la majorité;

Sur la troisième question (guet-apens), oui, à la majorité.

M. *le Procureur-général :* Vu la déclaration du jury, nous requérons qu'il soit fait application à Verger des articles 295, 296 et 302 du Code pénal.

M. *le Président :* Me Nogent-Saint-Laurens, avez-vous quelques observations à présenter sur l'application de la peine?

Me *Nogent Saint-Laurens :* Non, monsieur le président.

La Cour, après en avoir délibéré rend un arrêt qui condamne Verger à la peine de mort.

M. *le premier Président*, s'adressant à Me Nogent Saint-Laurent : Je rappelle au défenseur que le condamné a trois jours pour se pourvoir en cassation.

La Cour ordonne, conformément aux prescriptions de la loi du 9 septembre 1835, que l'arrêt sera lu et notifié au condamné par le greffier de la Cour.

L'audience est levée à cinq heures au milieu d'une émotion générale.

Après l'audience, M. Lot, greffier en chef, assisté de M. Commerson, s'est rendu à la Conciergerie et a donné lecture à Verger du procès-verbal de débat depuis son expulsion de l'audience.

Verger a écouté cette lecture avec assez de calme; mais quand il a entendu qu'il était condamné à la peine de mort, il a éprouvé une espèce de tremblement nerveux et s'est écrié: « C'est bien, « Messieurs, retirez-vous, je vous chasse, je vous méprise. »

Aussitôt le condamné a été revêtu de la camisole de force, conformément aux règlements de la prison. Il a supporté cette formalité avec assez de calme.

La nuit, il a peu reposé. — Son sommeil paraissait fort agité.

Le lendemain matin, il a fait demander M. Léveillé, directeur de la prison et lui a annoncé son intention de se pourvoir en cassation, et d'adresser un recours en grâce à S. M. l'Empereur. En même temps, disait-il, il voulait écrire à Me Nogent Saint-Laurens, afin de le remercier.

M. le directeur lui répondit que le dimanche le greffe était fermé. On ne pouvait recevoir sa déclaration de pourvoi, mais que le lendemain, aussitôt que le greffier serait arrivé, il le ferait prévenir.

En effet, le lundi 19, Verger s'est pourvu en cassation. Ensuite il a adressé à S. M. l'Empereur une supplique dans laquelle il lui demande de commuer en un *exil honorable* la peine capitale prononcée contre lui.

Verger est gardé à vue par plusieurs agents de l'autorité. On n'admet que difficilement quelques personnes à le visiter.

M. l'abbé Nottelet, aumônier de la Conciergerie, s'est rendu auprès de lui, et Verger, se jetant dans ses bras, a paru satisfait d'une pareille visite. Son père a également été admis dans sa cellule. Cette entrevue s'est effectuée avec beaucoup de calme et à entendre les quelques mots échangés de part et d'autre, on eût eu peine à se rendre compte de la situation.

Aussitôt son pourvoi signé, les pièces ont été transmises au greffe de la cour de cassation. *Mes Tiercelin et Reverchon*, avocats à la cour de cassation, furent désignés d'office pour l'assister de leurs conseils, mais Verger a fait choix de Me *Morin*, et a annoncé à ce dernier qu'il entendait que son pourvoi ne fût déféré à la cour de cassation qu'après l'expiration des délais fixés par la loi. Or, la loi ayant accordé au condamné dix jours pour déposer son mémoire, la cour ne pourra pas statuer sur le pourvoi de Verger avant le jeudi 29 janvier.

Nous complétons ces détails en reproduisant une partie d'un article publié par la *Gazette des Tribunaux*, et dans lequel on répète certaines allégations produites par le condamné.

« Verger, écrit-on, a déclaré à l'audience, dans une de ses réponses, qu'un an avant la perpétration de son attentat, il en avait formellement annoncé la pensée au parquet de M. le procureur impérial et dans les bureaux de la Préfecture de police, et déclaré qu'il était disposé à attaquer l'archevêque.

« Il n'est pas sans intérêt de dire que ses allégations de l'audience sont démenties par les éléments de la procédure.

« C'est au mois de septembre 1855 que, pour la première fois, le nom de Verger a été signalé à l'autorité judiciaire et à l'autorité administrative par un mémoire qu'il adressa tout à la fois à M. le préfet de police et à M. le procureur impérial : ce mémoire contenait les diffamations les plus odieuses contre le vénérable curé de Saint-Germain-l'Auxerrois. Verger fut mandé au parquet et dans le cabinet du chef de la première division, à la préfecture de police. Là, il renouvela les attaques contenues dans son mémoire, déclarant qu'il demandait des juges pour les justifier. Rien dans ses actes ni dans ses paroles n'indiquait alors la pensée du crime qu'il devait commettre, et il dut être renvoyé avec des injonctions à plus de calme et de modération.

« Verger était alors, non pas interdit, mais ses pouvoirs lui avaient été retirés dans la circonscription du diocèse de Paris, et l'autorité ecclésiastique avait demandé qu'il fût éloigné de la capitale en vertu de la loi du 9 juillet 1852. Mais cette loi, qui est applicable seulement aux individus nés hors du département, ne pouvait être invoquée contre lui.

« Ce fut le 3 février 1856 que le nom de Verger fut de nouveau signalé à l'autorité, à la suite du scandale qu'il occasionna à l'église de la Madeleine en se plaçant devant les fidèles avec un écriteau sur la poitrine. A l'occasion de ce fait, Verger fut amené dans le cabinet du chef de la première division, et ce fut dans cette circonstance que M. le docteur Lassaigne se livra à l'examen dont il a rendu compte à la cour d'assises, examen qui lui démontra que cet homme jouissait de la plénitude de ses facultés, et qu'il était impossible de lui appliquer la loi sur les aliénés.

« Cependant des mesures furent prises contre lui, et à dater de ce jour Verger fut placé sous la surveillance spéciale d'un agent. Cette surveillance se prolongea jusqu'au jour où l'autorité diocésaine fit savoir que Verger avait reconnu tous ses torts et qu'il allait rentrer au séminaire de Meaux. En effet, Verger subit dans ce séminaire la peine disciplinaire qui lui avait été infligée, et, comme preuve de son repentir, il indiqua qu'il avait composé et fait imprimer en Belgique un livre intitulé le *Catholicisme régénéré*, et il déclara que ce livre pouvait nuire à la religion, et qu'il désirait que l'édition ne passât pas la frontière. Des mesures furent prises, en effet, en conséquence de ces déclarations.

« C'est à la suite de ces faits que Verger a obtenu la cure de Serris.

« L'acte d'accusation a fait connaître quelles causes ont déterminé, de la part de l'évêque de Meaux, non l'interdiction de Verger dans le sens absolu de ce mot aux termes de lois canoniques, mais le retrait de ses pouvoirs et son *exeat* du diocèse. On sait aussi qu'à son retour à Paris, dans la dernière quinzaine

www.ingramcontent.com/pod-product-compliance
Ingram Content Group UK Ltd.
Pitfield, Milton Keynes, MK11 3LW, UK
UKHW031958260826
14628UKWH00005B/2150

9 782011 323699